JN048215

またね。

またね。

木内みどりの「発熱中!」

木内みどり
Midori Kiuchi

岩波書店

はじめに——お帰りなさい、みどりさん

鈴木　耕

ある日、何気なく開いたツイッター上の「水野木内みどり」という木内みどりさんのいつものアカウントに、思いもかけぬ文章が載っていた。

木内みどりが、2019年11月18日、急性心臓死により永眠いたしました。生前の本人の希望通り通常の通夜・告別式は行わず、家族のみでお別れをいたしましたことをご報告いたします。これまで応援してくださいました皆様、またお世話になりました皆様へ謹んで御礼を申し上げます。

最初は悪い冗談だと思った。批判なんか恐れず、軽く笑い飛ばしながら自分の思うとおりに突き進んでおられた木内さんだから、ツイッター上で絡んでくる人もそれなりにいたらしい。そんな人が木内さんを貶《おとし》めるべくアカウントを乗っ取って、妙なツイートをしたのではないかと思ったのだ。

でも、よく調べてみると、ほんとうに木内さんは旅立っていた……。

「水野木内みどり」のツイートには、薄青いゆったりした服を着て、楽しそうに両手を伸ばした写真が添付されていた(本書カバー写真)。そして「またね。」と。

みどりさん、「またね。」はないよ。淋《さび》しすぎるじゃないですか……。

木内さんとぼくが知り合ったのは、いつだったろうか？　記憶をたどっても、この時、という具体的なきっかけは浮かんでこない。なんとなく、いつの間にか……。

ぼくらは「マガジン9」(2005年3月1日創刊)というウェブサイトを運営している。憲法9条や原発、人権、表現の自由など、社会問題について広く議論をする場と位置づけて、毎週水曜日、年3回の合併号を除いては一度の休刊もなく、もう15年も発行し続けている。この粘っこさ、自分でも感心している。

創刊当時、小泉純一郎首相がライオンヘアを逆立ててやけに勇ましく吠え立て、有事法制や自衛隊の海外派遣、ブッシュ米大統領によるイラク侵攻にいち早く賛同するなど、なにやらキナ臭い雰囲気が漂い始めていた。そんな世の風潮への抵抗と、憲法9条の精神を生き方の土台にするという意志を込めて「マガジン9条」を始めた。やがて、スタッフの関心は憲法以外にも広がり、「9条」の「条」を削除して現在の「マガジン9」になった。

そんな考えを共有する者たちの集まりだから、ぼくもスタッフたちも、わりと積極的に脱原発集会や反改憲デモなどに参加してきた。すると、いつも出会う方がいた。集会の司会をなさったり、デモ行進の先頭を歩いたり、それが木内さんだった。なんとなく顔見知りになり、なんとなくお話しするようになった。

あるとき、木内さんにインタビューを申し込んだ。どんなきっかけで、こういう運動に興味を持たれたのか、ぜひ聞いてみたかったのだ。

木内さん、約束の日にふらりと「マガジン９」の事務所へやって来た。映画やテレビでお見かけする木内さんとはずいぶん違っていた。

ビルの10階にある「マガ９」事務所はとても眺めがいい。

「きゃっ、素晴らしい眺めねえ」

木内さんは、すぐにスタッフと打ち解けて大はしゃぎ。スマホを取り出すと、動画配信を始めた。スタッフに逆インタビューをしながら天真爛漫《てんしんらんまん》。まるで、天から降ってきたお姉さん天使みたいだった。

そのときのインタビューが「マガ９」２０１４年６月11日号の「「脱原発」のため、私がやれることは何でもやる」と、６月18日号の「「熱」を持って動いていこう」(本書「(インタビュー)きっかけは３・11」)だった。

肩を怒らせてはいないし、まなじりを決してもいない。ふつうにできることを淡々と……というやわらかな姿勢が、とても素敵だった。木内さんがなぜ反原発に取り組み始めたか、このインタビユーを読むとよくわかる。

お話があまりに素敵だったものだから、ものはついでとばかり「もしよかったら、いまのようなお話を、今度は文章にしてもらえませんか」と、お忙しい方なのだからとてもムリとは思ったけれど、ぼくは図々しく頼み込んでみた。

「うわっ、嬉しい。文章を書くのって苦手だけれど、いいのかしら、私なんかで?」と快諾してくれたのだ。「マガジン9」に「木内みどりの「発熱中!」」というコラムが始まったのは、2014年9月3日のことだった。

のちにご夫君の水野誠一さんにおうかがいしたところによると、木内さんは「さあ、〝作文〟の時間だ。今度は何を書こうかな?」と楽しみにしながら、熱心に文を練っていたということだった。〝作文〟かあ、いいなあ。連載は、2018年1月まで46回に及んだ。

その〝作文〟を構成し直したのが、この本である。

今回、本に収録するにあたって、ぼくはもう一度、「発熱中!」を隅から隅まで読み返してみた。もちろん、掲載時にきちんと読んでいたのだけれど、まとめて通読すると、木内さんの興味の幅広さ、そして知りたいと思ったことに怖じずに突き進んでいく勉強熱心さに驚いてしまう。

面白いと思えば、世界中のどこへでも出かけて行く。そして、観光地ではない場所の、ふつうの人々の生活の場に入り込んで、そこでたくさんの友人をつくってしまう。とても、ぼくらに真似のできることじゃない。人柄そのもの、としか言いようがない。

知らなかったことに出会うと、木内さんは誰にでも教えを請いに会いに行った。本を読み著者に会い、知りたいことを学んでいった。知識欲のほとばしりには圧倒される。だけど、それを軽々とこなしていくのが木内さんだった。

木内さんが広い交友関係を持ったのは、そういうことだった。学ぼうとする意欲が人間に向かわせた。だから、否応なくつき合いは広がっていく。それも、相手が有名人である必要はまったくなかった。

初めて会った福島の被災地の11歳の少年を、夏休みに自宅に誘う。少年は、実際に木内さんのご自宅にやって来る。木内さんは嬉々として、少年と一緒にいろんなところへ出かけて行く。その愉快な顚末《てんまつ》は本書「11歳の友だち」(141ページ)に詳しい。読んでいて、思わず頬がゆるむ。

「マガジン9」の事務局長を長年務めてくれていた塚田壽子《ひさこ》が突然、「マガ9で学んだことを、実際の地方政治の場で生かしたい」と言い出して豊島区の区議選に出馬した時、ぼくらマガ9スタッフが目を白黒させているのを尻目に、木内さんは塚田の選挙運動の先頭に立ってマイクを握り、街々を一緒に練り歩いてくれたのだ。

いいと思ったらとことん協力する。それが木内さん流だった。おかげで塚田は高位で当選、いまも地方政治家として豊島区議会で活躍中だ。

2020年2月13日に、東京の国際文化会館で「木内みどりさんを語りあう会」が開かれた。ぼくも参加したけれど、集まった人たちの多さ(500人は優に超えていただろう)と、ジャンルを超えた不思議な交友関係。

ぼくも、数年(いや、数十年)ぶりというような方たちとたくさんお会いできた。ああ、こんな方も木内さんとご縁があったのか、と思うだけで嬉しかった。

読んでいてもうひとつ気づいたのは、「死」に言及した文章がとても多かったことだ。

「わたしが死んだ後も……」「死んでいくのは少しも怖くないけれど……」「わたしが消えた後もこの世は続いていくはずだし……」というような記述がそこここに出てくる。それは、自分の始末は自分できちんとつける、という木内さんの日頃の生き方に通底していたのかもしれない。

ご夫君の水野誠一さんのお話にもあったけれど、木内さんは自分の「死」をとても深く考えておられたという。だから、葬儀は家族だけで静かに……と。

「合田佐和子さんのこと」(160ページ)という、早逝した合田さんを悼む文章は、こんなふうに締めくくられていた。

さわこちゃん、
さわこちゃん、
さわこちゃん、
さわこちゃん、
さわこちゃん、
もういないなんて、淋しすぎる。
けれどね、近いうちにわたしも行くところだから。そのうちに、ね。
さわこちゃん、おやすみなさい〜。

この文章からたった3年半。「近いうちにわたしも行く……」と言ったとおり、木内さんはさわこちゃんに逢いに出かけてしまった。

それにしても、いつも「わたし、高1で中退したから、知識なんてまったくないの」とおっしゃっていた木内さんの遺した文章は、ほんとうに素敵です。文章は人柄であり、文体は品性なのです。ここにまとめられた木内さんの文章は、そのまま木内さんの生き方の記録です。

「3・11」の衝撃を全身で受け止め、それを自身の中で発酵させ発信していく過程が、本書には鮮やかに記されている。「ふふふ」と笑顔のまま旅立ってしまったようなみどりさんが、本の中に静かに帰って来ている。

だからこれからも、デモを歩きながら、集会でのシュプレヒコールを聞きながら、ぼくは人波の中にみどりさんを見つけられるだろう。

でも、正直に言えば、ぼくはもっともっと木内みどりさんの文章を読みたかった。それだけは心残りです……。

（一般社団法人「マガジン9」代表理事）

目次

みどりさんとともに

各節の末にある年月日は「マガジン9」に掲載された時を示します。

（インタビュー）きっかけは3・11

2014年6月

わたしがやれることは何でもやろう！

「わたしにも責任がある」そう気がついて動き出した

編集部　木内さんは、脱原発について積極的に発言をしたり、地方選挙で脱原発を公約に掲げる候補者の応援をしたり、様々な活動をされていますね。日本の芸能界では、自身の社会的スタンスや政治的スタンスを明らかにしない人が多い中で、女優である木内さんは、ご自分の考えをはっきりとおっしゃっている。そもそも、そうした発言や行動のきっかけは何だったのか、お聞かせください。

木内　きっかけは３・11です。福島第一原子力発電所事故後、何が起きているのか、原発がどうなっているのかもまったくわからなくて外出もできず、悶々としていた時期があったんですね。そのときに「たね蒔きジャーナル」（ＭＢＳラジオ）の小出裕章さんのお話を聴くようになって、そこだけおいしい酸素があるみたいに感じて、毎日聴いていたんです。ｉＰｈｏｎｅにも落として、何度も何度も繰り返し聴くうちに事の次第がだんだんわかってきて、それと同時にテレビのニュースも新聞もあまり信じられなくなり、ウェブでの情報を拾うようになっていったんですね。

そうして半年くらい経った頃でしょうか。小出さんが、原発政策は「国を挙げてやってきたことだから、騙《だま》されてもしようがないけれど、騙されたあなたにも責任がある」と。「騙されたことを認識しないと、また騙される、また事故が起きる」ということをおっしゃっていて、その言葉にハッとして「わたしにも責任があるんだ」というふうに自覚したんです。

というのは、わたしの夫の水野誠一は、2001年の静岡県知事選に出ているんですね。わたしはそのときは政治のことなんか何もわからないし、最初は「絶対嫌だ!」と大反対したんですけれど。どうして彼が県知事選に出たかったかというと、彼の父親の水野成夫《しげお》は、静岡県の浜岡町(現在は御前崎市の一部)の出身で、フジテレビを設立したり、産経新聞の社長をつとめたりしたのですが、1960年代に浜岡原発の誘致をするときに協力した人なんです。ところがチェルノブイリの原発事故が起きたことで、息子である水野は「浜岡だって危ないんじゃないか」と危機感を持って勉強をし出したんですね。

県知事選出馬の話が持ち上がったのは、水野は当時、参議院議員だったので、政治がわかっていて、マーケティングがわかっていて、人柄としてもクリーンだということで、地元の学生と主婦が頼みにきたわけです。だからバックも何もなかったんですが、水野は、浜岡原発を止める「いいチャンスだ」と、せっかくチャンスがあってお願いされているのに、「僕は逃げるわけにはいかない」と言ったんですよ。それはやっぱり「人としてかっこいいな」と思ったので、わたしもひと夏、選挙のためにものすごく頑張ったんです。

編集部 県知事選のときは、水野さんは浜岡原発の危険性を正面切って訴えたのですか?

木内　はい。静岡空港建設反対と浜岡原発停止を言ったんですが、浜岡の話をすると、場がシラーっとなって、人がすーっと引くのがわかるんですよ。わたしもそのときは原発のことをまったく理解していなかったから、側で聞いていて「また難しい話をし出した」みたいな。「ねえ、浜岡の話題はやめない？」なんて言っていたくらい、わかっていなかったんですよね。

結局、選挙は現職にダブルスコアで負けて、そのとき身に沁みたのは、有権者のみなさんの県政への無関心ぶり。わたしは原発の話はしなかったけれど、福祉政策とかいっぱい訴えたんです。でも、全然手ごたえがなくて、この無関心ぶりはすごいなって。

あと、選挙の結果が出た後で、地元の財界の人たちから「もっとうまくやれば勝たせてやったのに」みたいな話も聞いたりして、わたしは政治の素人ですから、そういう選挙のあり方に「なんて嫌な仕組みなんだろう」と絶望したんです。それで政治とか選挙とか、どんどん嫌いになってしまって。

編集部　それから10年後の２０１１年3月11日に、福島第一原発事故が起きた。

木内　事故が起きてから「ああ、本当に起きちゃったんだ……」と。そこに小出さんの「あなたにも責任がある」という言葉が心に響いて、静岡県知事選のときに、もう少し原発の問題を理解して動いていたら、ちょっとは違っていたかもしれないという思いが、一気にわき上がってきたんですね。「わたしにも責任がある」って気づいてしまったんだから、「できることは全部やるぞ」と決意したのが、今やっているいろいろな活動のはじまりです。

国内外の脱原発運動に参加して

編集部　現在は脱原発集会の司会のほか、多彩な活動をされていますね。

木内　ツイッターで発信したり、脱原発集会に参加したりしているうちに「司会をしてください」とか「官邸前抗議でスピーチをしてください」とか、そういう機会がだんだん増えていきました。

その流れで、この4月にロンドンの日本大使館前での脱原発集会で、英語でスピーチというのを大胆にもやってしまったんですけれど(笑)。その脱原発集会では、キャサリン・ハムネット(Katharine Hamnett)という著名なデザイナーもスピーチをして。30年くらい前、彼女が来日したときにわたしは雑誌で対談をしているんです。そのとき彼女がプレゼントしてくれたTシャツには「WORLDWIDE NUCLEAR BAN NOW」というメッセージが大きなロゴで書いてあって、かっこいいTシャツなんですけれど、当時はそのメッセージが全然わからず、わかろうともせず着ていたんですよ。

それで3・11後に、「あっ」と思ってTシャツを見てみたら、「全世界のすべての核を今すぐ禁止せよ」という意味だったことに気がついたんです。そこでまた、彼女がこれをくれた30年前に、今やっているように全身全霊で反対運動をしていたら、原発をめぐる状況はどうなっていただろうという思いが、ますます自分の中で強くなっていったんです。

編集部　ロンドンの脱原発集会では「わたしの人生は、福島の事故後に完全に変わり、脱原発のためにできることはすべてやろうと決心した」とスピーチをしていますね。

木内　だからね、３・11以前のわたしから見たら、もうとんでもないことをしているわけで、そういう流れになってしまっている自分に、いちばん驚いているのは自分だし、怯《おび》えているのも自分なんです。でも勇気を出してやればやれないことではない。それに、わたしはどこの組織にも所属していないし、自分の考えを自由に言えばいいんだから、ひとつずつやっていくと、それなりに達成感はあるんですよ。ロンドンの脱原発集会では、キャサリンがものすごく喜んでくれて「一生友だちでいよう」って言ってくれたり。

あとはアメリカに「ニュークリア・ホットシート(Nuclear Hotseat)」という大きなウェブサイトがあって、これはスリーマイル島の原発事故後に立ち上がったサイトなんですね。そこが3・11の3年目に、ポッドキャストで福島特集を世界に発信するというプロジェクトを組んだんです。それで小出さんや山本太郎さんや水野のほか、わたしも「インタビューに答えてください」と言われて、「わたしごときが」とためらったのですが、自分の気持ちをしゃべればいいんだと思ってお話ししました。

編集部　木内さんの、脱原発を訴える活動は、日本国内だけでなく、世界にも広がっているんですね。

木内　でも、いろいろやらせてもらって思うのは、デモや集会のやり方ももっと考えなきゃいけない。わたしもデモに行ったり、座り込みに行ったり、署名したり、お金を寄付したり、お金を集めたり、やって、やって、やって、やって……。だけど、やっているうちに「なーんにも変わらないじゃない、デモを何万回やってもおんなじじゃないのーっ!!!」というもどかしさが大きくなっていったんですね。

「さようなら原発1000万人アクション」という集会でも、わたしは何回か司会をしていますが、例えばデモをするときでも、せっかくノーベル賞作家の大江健三郎さんが先頭を歩いてらっしゃるのだから、「KENZABURO OE」とプラカードを出したり、動画に英語のテロップを入れたりすれば、世界の人が見てくれるじゃないですか。デモや集会のやり方や発信の方法を変えていくことは、本当にこれからの課題だと思います。

原発や政治について、「言えない」社会の空気

編集部 一方で、脱原発に向けて、行動する人々は多数派とはいえません。それは社会の中に、政治的な話をするのはタブーだというような空気が漫然とあるからではないでしょうか。原発の話題を出すと「引かれるんじゃないか」と思ってしまったり、若い人たちからも「友だちと政治の話はしにくい」という声を聞きます。

木内 たぶん、一人ひとりが自分の足で立っていないんだと思うんです。誰かが褒《ほ》めてくれたり、誰かが認めてくれたり、何かの会に所属したり、支え合っていないと倒れてしまう人が多いという

か。だから、原発再稼働はおかしいと思っても動けなかったり、「こんなこと言ったら嫌われるんじゃないか」と気にして何にも言えなくなってしまうんじゃないですか。

もともとわたしはひとりで行動するのが好きなんですね。小学生の頃からへそ曲がりで、学校の集団行動も大嫌いだった（笑）。３・11以降「できることは全部やる」と決めてからも、グループ活動は苦手なので、動くのはいつもひとり。だから考えも誰とも似ていないと思うんですよ。知識の足りないこの自分の頭で判断しているので。

その代わり、本当に知りたいことを知ってきたから、わたしはこの考えで最後までいこうと思っています。

編集部　本来はそうやって組織や会に属さない、それぞれ自立した個人がつながっていくのが理想ですね。どんな運動でも人と人の結びつきが生まれますから。木内さんは、原発問題に関わるようになって、交友範囲もずいぶん変わったのではないですか？

木内　３・11前と後では、友人はかなり入れ替わっちゃいました。「なんだかすごい頑張っているのね……」みたいな、冷やかな言い方をする友だちは「もう会ってくれなくてけっこうです」って（笑）。わたしのほうで、そういう人たちは色あせてしまったんですね。あれだけの事故が起きて、原発の危なさが見えたのに、全然興味を持たないでいられることが、わたしにはわからない。

編集部　芸能界に限らず、わたしたち一般社会においても、なかなか、政治や原発の話題は出しにくいわけで……。でも、何かきっかけをつくって、話しかけていくことは大事ですね。

木内　そう、先日も友人のお誕生日会で久しぶりに会った知人がいるんです。彼女は、政治に関してしっかりとした自分の考えを持っているので、せっかくの会なのに、ふたりで「いや、そうじゃない！」「わたしはそうは思わない！」なんて、ちょっと言い合いになったんですね。でも、おたがいの意見は違うけれど、彼女は「こういう場で政治の話をするのは初めて」と言うんです。「本当はこうあるべきよね。日本の女の人はやらなさ過ぎ。そこは問題だから大いにやりましょう」と言っていました。だから、わたしもひるまずに、原発のことを聞いてくれそうな人がいたら、どこでもどんどんしゃべろうと思うんですよ。

（2014年6月11日）

「熱」を持って動いていこう

脱原発候補者の選挙応援に駆けつけて

編集部　前回は、脱原発運動に関わるきっかけと、活動の内容などを伺いました。そこから（2014年）2月の都知事選をはじめ、地方選で脱原発を公約とする候補者の応援もされるようになったんですね？

木内　選挙に関しては、わたしはどこの党とも関係がないし、どの組織にも属していないので、はっきりしているのは、とにかく原発を止めたい。それだけなんです。原発を止められそうな人がいたら、その候補者を全力で応援する。だから都知事選のときは、脱原発を訴えて出馬した宇都宮（健児）さんの応援をすることは、早い時期に決めたんです。

編集部　選挙期間中はあちこちの集会の司会をしたり、それこそ全力で協力されていましたね。

木内　先にお話ししたように、脱原発集会のやり方を変えなくちゃいけないと思っていたので、選対（選挙対策本部）でも、わたしなりに「こうしたらどうか」といろいろな考えを伝えました。例えば2013年の参議院選で三宅洋平さんが出てきて「選挙フェス」をやったときには、「こういう選挙のやり方があるんだ！」と目からウロコでしたよね。だから選対では、これまでの選挙の闘い方にこだわらず、「（応援演説では）政治家の話は心に響かないからやめましょう」ということも言ったんですよ。官邸前で脱原発を訴えている人たちでも、政治を自分の言葉で語れるようになった人たちがいるんだから「そういう人たちにしゃべってもらいましょうよ」とかね。

編集部　都知事選の選挙運動の途中で、沖縄の名護市長選の応援にも行かれていますね。

木内　名護市長選が1月にあって、現職の稲嶺進さんはずっと辺野古への米軍基地建設に反対されていて、熱い思いを持った方ですよね。わたしは、宇都宮さんから稲嶺さんへの応援の檄文を届けに行ったんです。

名護のみなさんは、意識が高かったですよ。石破茂さんが「（基地容認派が勝てば）500億の振興基金を出す」って言ったでしょ。でも、普通のおじいちゃん、おばあちゃんでも、沖縄戦の記憶が生々しくあるからかもしれませんが、札束でひっぱたかれても動じない。びっくりしたのは、車を運転していたら、ガソリンスタンドのスタッフの若い男の子が「名護のことは名護が決める」と書いたプラカードを掲げているんです。「かっこいい！」と思いましたね。

編集部　都知事選の後は、4月の衆議院鹿児島2区の補欠選挙にも駆け付けていますね。

木内　都知事選では自分なりにやれることはやったし、しばらく選挙とか政治からは離れていようと思っていたんです。そうしたら、ロンドンの脱原発集会でスピーチをしてむこうの空港にいたときに「川内《せんだい》原発の再稼働を阻止するチャンスだ」という電話がかかってきたんですよ。「わたし、ちょっと、行けないですよ！」と言いながらも「ああ、わたしは結局行くんだろうな」って。もうね、自分でわかるんですよね(笑)。

編集部　木内さんが応援した有川美子さんは、山本太郎さんの「新党ひとりひとり」(当時)が擁立した候補者ですね。福祉政策と、川内原発の再稼働阻止、消費税増税反対を訴えていました。

木内　山本太郎さんが、誰かいないかと見つけた介護福祉士の人です。この有川さんという人がすごくいい人で、東京からも太郎さんの選挙を支援した人たちがいっぱい行ったんですけれど……。1位当選した自民党の陣営は、とにかくお金を使った選挙をやっていました。2位の民主党の候補者は、30人くらい民主党の議員の秘書さんたちが応援に来ていたんですが、数人ずつに分かれて「選挙に行こう」と書いた紙を持って歩いているだけ。民主党、あれじゃ勝てるわけがない。「何やってるの?」とあきれました。わたしたちは、お金はないけれど情熱はあったと思うんですが……。

編集部　鹿児島2区の有権者の反応はどうでしたか?

木内　この補欠選がいかに大事な選挙か、一生懸命訴えたんですけれど、届かなかったですね。「今度の選挙は全国が注目しています」と言っても、投票日も知らない方も多くて。川内原発がどれだけ危ないか伝えても、「でもねえ、原発のおかげで暮らしているしね」と言う人もいました。

編集部　地方選こそ、生活に密着した身近な選挙なので、もっと多くの人に関心を持ってほしいですね。来年（２０１５年）は統一地方選挙がありますし。

木内　鹿児島２区では有川さんは５８５８票しかとれなくて、自民党の候補者が６万票で、民主党の候補者が４万票。だけど、有川さんのツイキャスを見たり、ツイッター、フェイスブックで追いかけて、寄付もしてくれて、応援もしてくれた人たちがいっぱいいるんです。だから、希望は感じています。５８５８票は種火なんですよ。「この種火は絶対に消えない」という感触はあるんですね。自民党の組織票に比べたら少ないかもしれないけれど、熱があるから。「この熱はいつか伝わっていくよ、フワーッと伝わったら、あるときボッと火がつくよ」とわたしは思うんです。それは夢見ています。

三宅洋平さんなんかも、あちこちの地方の市長選や町長選で、熱心に支援活動をやっています。地方選では、これまで選挙に出ようなんて思わなかった人が出始めているでしょう？　そういう選挙戦では、ネットの分野で活動している若い人たちも動き出しているので、小さいところから３年後、５年後、10年後を目指して、着々と地固めはできていると思うんですね。一人ひとりが「熱」を持って動けば変えられる。

編集部　木内さんはこの3年間、脱原発運動に尽力してこられて、そのつながりで政治や選挙にも関わるようになりました。最近の重要な問題としては、安倍政権は解釈改憲による集団的自衛権の行使容認を進めようとしていますが、そのへんはどう思われますか？

木内　わたしはずっと脱原発ばっかり訴えてきたので、集団的自衛権のことは実感としてわからないんですけれど。ただ、去年の夏、報道写真家の福島菊次郎さんのドキュメンタリー映画（『ニッポンの嘘　報道写真家　福島菊次郎90歳』）の上映と写真展と講演が横浜であって、わたしもイベントに参加したんですね。そのとき菊次郎さんが、「このままじゃ戦争が始まる。今は戦前なんだ」というようなことをおっしゃっていて、あれから1年近く経って、状況は1歩、2歩、3歩、4歩、5歩くらい進んでいるのだろうから、「本当にそうなんだろうな……」とは感じます。

イベントでは、菊次郎さんに「あなたは女優さんなんだから、あなたが読んでください」と言われて、『あたらしい憲法のはなし』という冊子をその場でいきなり渡されて朗読したんです。『あたらしい憲法のはなし』というのは、「戦争放棄」のことがわかりやすく書いてあって、素晴らしいですね。あれ、日本国憲法が公布された年に配られた中学生用の教科書らしいですね。

編集部　1947年の5月3日に憲法が施行された後、当時の文部省がつくって配付したものですね。憲法に書かれている内容を、中学生向けにわかりやすく解説してある。

木内　横浜のイベントの後、府中でも菊次郎さんのイベントがあって、また「読んでください」とリクエストされて読んだんです。そのときはちゃんと読み込んでいって、この素晴らしい冊子を配ろうと考えたのは誰なのか知りたくなったんですね。それで「もともとの発案者を探すプロジェクトをつくろうよ」とわたしは言っているんですけれど。

編集部　木内さんが感じているはがゆさのようなものを、わたしたちも感じています。原発再稼働を目論み、集団的自衛権の行使容認に突き進もうとしている現政権の暴走を止められないでいます。原発も憲法も、大事な局面にあるのに、世の中の大多数は、無関心だったりと。

木内　わたしはね、社会と自分は同じ大きさだと思っているんですよ。だって、わたしが死んじゃったら自分にとっての社会もなくなってしまう。だから、大きな社会があって、その中にちっぽけな自分がいるんじゃなくて、この社会イコール自分だというふうに考えているんですね。だとしたら、こんな社会で生きるのは嫌だ、原発のない社会にしたい、戦争をしない国にしたいと思ったら、自分が動いて変えていくしかないじゃないですか。

そのとき大切なのは、「熱」じゃないかと思うんです。脱原発の運動やいくつかの選挙戦を経験してわかったのは、どれだけ熱を持っているかで、伝わり方は全然違ってくるということ。偉い政治家が言うことよりも、普通のお母さんの言葉にふっと胸を打たれたりしますよね。権威とか、肩書きとか、権力とか、武器とか、そんなもので世の中を動かすことはできない。心に伝わるあたたかいものでなければ、原発も戦争もなかなか止められないと思うんですね。一人ひとりが熱を持って行動すれば、きっと社会は変わります。

（2014年6月18日）

わたし、ただいま「発熱中！」

福島第一原発から 1.5 km 付近で。T シャツはキャサリン・ハムネットの「WORLDWIDE NUCLEAR BAN NOW」（2014 年 10 月 10 日）

2014年9~12月

9月1日はわたしにとって特別な記念日

こんにちは、「マガジン9」読者のみなさま。お元気でしょうか。

3カ月前に「この人に聞きたい」でインタビューされた時に「コラムを書きませんか?」と誘っていただいたことがうれしくてお受けしたことが、やっと、実現しました。小さい頃から「言葉」が好きで「ひとり」が好き。2000字から2500字という枠で、あれだこれだと、ひとり悶々とする時間がうれしくて。頑張りますので、どうか、やさしい気持ちで見守ってくださるよう、お願いいたします。

原子力の専門家・京都大学原子炉実験所助教の小出裕章さんに初めてお会いしたのが去年の9月1日。東京・日比谷公会堂で「さようなら原発1000万人アクション」のイベントがあって、わたしは司会を務めていた。

会の呼びかけ人、大江健三郎さん、澤地久枝さん、落合恵子さん、内橋克人さん、鎌田慧さんに加えて、この日のゲストが小出裕章さんで、前半に大江健三郎さんが45分講演、後半に小出裕章さんが45分の講演をしてくださった。

「日本の知性」と「日本の良心」、おふたりはこの国の「宝」だと思った。

2011年3月11日の福島第一原子力発電所の事故以降、わたしはテレビ・新聞の報道を信じられなくなり、インターネット上の情報を渡り歩いて、2011年4月初めに大阪のMBSラジオ「たね蒔きジャーナル」の小出裕章さんの発言にたどり着いた。

ベント、サプレッションチェンバー、タービン建屋……聞きなれない単語ばかりのお話に慣れていったころ、ふと、気がついた。小出さんの声を聴いているとそこだけ「きれいな酸素」があるようで身体がホッと安らいでいる。

目に見えない匂わない「放射能」に怯えるばかりの毎日。テレビ・新聞は本当のことを知らせてくれないという不安から憂鬱を抱えた時間の中で、小出さんの声を聴く時間が増えていった。iPhoneに「たね蒔きジャーナル」の全部と小出さんが各地でなさった講演（主催者や参加者が講演終了後すぐにユーチューブにアップしてくれる）を入れ、なんどもなんども繰り返し繰り返し聴きつづけてきた。

小出さんのお話を初めて聴いた2011年4月から2年半が経過したころ、司会を依頼された2013年9月1日の日比谷公会堂での集会、この日のゲストが小出裕章さんと聞いて、飛びあがるほどうれしかった。会える。

登壇者と司会者だからご挨拶もするし簡単な打ち合わせもする……。

当日、当たり前のようにご挨拶して、当たり前のように司会進行させていった、冷静に。

一緒にいた友人の写真家・田村玲央奈さんが撮ってくれた一枚。小出さんとわたし。

でも、心の中でこの方とはもうお会いできないかもしれない、これが最初で最後かも……と思い、記念にと、舞台袖の司会者じゃなければ撮れない位置から、パソコン越しの小出さんの姿を撮った。

会の終了後、幾人かがその流れで国会前まで歩いていって短いスピーチをすることになった。主催スタッフ、鎌田さん、落合さんに交じって小出さんもいらっしゃる。

前になったり横になったりしながら、ふと、信号待ちで小出さんとおしゃべり、最高にうれしかった。

混雑した国会前エリアではぐれそうになりながらスタッフが言いました。

「ちょっと一杯やりませんか?」

えええっ!

歩き出した先に小出さんもいらっしゃる。えっ、一緒っ？　ドキドキドキドキ。

溜池山王《ためいけさんのう》まで混雑の中歩いていって、小さなイタリアンレストランで小さなテーブルを囲んだ。

ワインといろいろ。楽しい軽い会話が続く中、心にあふれる言葉を、ついに、言っちゃった。

「わたし、小出裕章さんオタクです。毎日毎日、聴いています。真似できるほどです」

小出さんは少し困ったような顔をして笑っていた。

この記念日から、1年。いろんなイベントの司会をやり、新聞にコラムを書いたり、脱原発を表明する候補の応援に都知事選、沖縄名護市長選、鹿児島2区衆議院議員補欠選挙と走り回り、脱原発関連ドキュメントの宣伝にナレーション。

こんなわたしでも役に立つと思って誘ってくださっているのだからと、怖がらず参加していたら、「ニュークリア・ホットシート」というカリフォルニアの核廃絶グループとつながり、ロンドンの「JAN UK」というグループとつながり、ついには、ロンドンの日本大使館前で抗議スピーチを英語でしてしまう展開に。

こんな展開にわたし自身が驚いている。今は亡き父母が知ったらなんて言うかしら……。でも、今は、非常事態。できることはしなければ。

事故は、起きた。人類史上初の放射性物質ばら撒き・汚染水流しっぱなしの最悪の事故。何が原因かわかっていない、事故現場に誰も行けない入れない、どの時点の誰の判断が良くなかったのか明らかにしない・させない。誰ひとり責任をとらない無責任なこの国のありように世界が怒り始めていると思う。

ばら撒かれてしまった毒物は未来永劫、無毒化できない。ここからどこかに移動させても、見えなくさせてもそこには、ある。

1年前より事態はさらに悪化、深刻になっていると思う。

福島のあちこちに山積みされているフレコンバッグ。除染の名の下、集められて詰められた土の中から雑草が袋を突き破ってつながっている。厄介なものを「ないこと」にして目の前からどけることしかしない愚かなわたしたち。

誰でもみな、裸で生まれてきて裸で死んでいく、確実に。

何も持っては行けない、お金も名誉も土地も家も伴侶も子どもも。ひとりで生まれ生きて、ひとりで死んでいく。

だからこそ、原発・核廃絶を目指して生きてある間に少しは役に立ちたい。

小出裕章さんは今も毎日、惜しげもなく「きれいな酸素」をくださっている。

（2014年9月3日）

「原発反対」の思いを声と行動で

私学会館アルカディア市ヶ谷にて、9月23日に亀戸《かめいど》中央公園で開催される「さようなら原発 全国大集会」の緊急記者会見が行われました。

「わたしの人生で大きい事件はふたつ。1945年8月15日からの数日でまわりの大人たちがすっかり変わってしまったあの時と、2011年3月11日の原発の大事故、これで世界はすっかり変わってしまった」「この1年、全原発が停止している。このまま永遠に動かさないように、やがて

80歳になる老人の僕にでもできること、集会に行こうじゃないか、デモをしようじゃないか、そしてそれを続けていこうじゃないか」「蚊除けのスプレーを買いました」と大江さん。

記者会見の司会として3人のすぐそばでお話を聞くことができました。大江さん、落合さん、鎌田さん、どの方の言葉も心に響いて何度も胸が熱くなりました。

諦めない、福島を忘れない、できることをしていく。

3人とも23日当日もスピーチしてくださいます。デモも先頭に立って歩いてくださいます。ぜひ、ぜひ、みなさまもご一緒してください。蚊除け対策をしっかりして亀戸中央公園に集まりましょう。ツイキャスしたいと思って準備していったのですが、会場のWi-Fi環境がソフトバンク対応のみでしたので、悔しいことにできませんでした。ここですこしだけ説明させてください。

緊急記者会見。右から落合恵子さん、大江健三郎さん、鎌田慧さん。

この「さようなら原発1000万人アクション」は呼びかけ人のみなさんも支えるスタッフのみなさんも高齢で、インターネット、デジタルなことが得意ではありません。ツイッター、フェイスブックをしている方もごくごく少数です。それでも、ツイッターとフェイスブックで拡散してくださいと頼まれます。

先日、集会会場が代々木公園から変更になったことを速報として「隅田公園」、その1時間後に「亀戸中央公園に変更」と書いたことで、混乱させるな、どうしてあなたが書くのかなどお叱りを受けました。全て「わたしの不手際でお詫びいたします」と謝罪しました。が、「さようなら原発……」の方から依頼されてもいます。ただの「司会者」がどうして出しゃばるのかと思われる方もいらっしゃるのだと知りました。でも、ここでわたしがシュンと小さくなるわけにはいきません。時間がないのです。蚊や「圧力」に負けたくありません。

予定通り23日の集会は実行して「再稼働絶対反対」の声を上げ、多数の熱い想いを28日鹿児島・川内での集会に手渡したいのです。心で「原発反対！」と思っていても声を上げなければ、行動しなければ、「賛成」「原発推進」としてカウントされ利用されてしまいます。

9月15日は記念日でした。去年の9月15日から1年365日、日本列島の原子炉すべて稼働していなかった、どこの原子力発電所のどの原子炉も停止していました。今も停止しています。冷えています。もう二度と動かさないために、今こそ、声を上げなければ、行動しなければ。

もう一度、大江健三郎さんの言葉を届けます。

「やがて80歳になる老人の僕にでもできること、集会に行こうじゃないか、デモをしようじゃないか、そしてそれを続けていこうじゃないか」

（2014年9月20日）

震災から3年半「帰還困難区域」を訪れて

行って来ました、双葉町と浪江町へ。

ふたつの町、両方共に「帰還困難区域」です。かつて住んでいた人のみしか立ち入ることができない場所です。わたしは、特別な理由で許可された人ただき、双葉町の住民だった大沼勇治さんに誘っていただきました。滞在が最長5時間許される、月に一度の「一時帰宅」の「同行者」にしていただきました。

大沼勇治さんは、〈原子力 明るい未来のエネルギー〉という標語を小学校6年生の時に作った方です。「原子力」で始まる標語を3つ作ってきなさいという宿題だったそうです。

27年前、福島第一原子力発電所では1・2・3・4号機に加えて5・6号機を建設する予定があり、地域の同意・協力を狙って、大人だけではなく小学生をも巻きこんでいく原子力推進の大キャンペーンがあったのです。町の半分は「東電さん」絡みの人々ですから、反対の声を上げるのは少数派、白い目で見られるという空気だったそうです。

結果、大沼少年が作った標語が表彰され採用されました。当時の岩本忠夫町長さんから直接、表彰状を手渡された授与式の時も、その標語が町にアーチとして飾られた時も、とても「誇らしかった」そうです。

が、2011年3月11日、東日本大震災、続いて、福島第一原子力発電所の事故。世界は一変しました。

安全・安心と信じ切っていた原子炉が爆発、放射性物質が大量に噴出、強制避難……と受け入れ難いことばかりが次々と起きました。新婚だった大沼さん夫妻には避難先を替えながらの不自由な

「破滅」と書かれた紙を掲げた大沼さんの写真。

世界に知ってほしいと英語バージョンも撮りました。

暮らしの中でお子さんが生まれ、今、やっと茨城県古河市に家を建て安定した暮らしをされています。

テレビ画面で、新聞紙面で、あの標語のアーチの写真を見るたび大沼さんご自身はどう感じていらしたでしょう。

「あの標語を訂正できるのは自分しかいない」。そう思った大沼さんは「破滅」という言葉を掲げこんな写真を撮りました。一時帰宅のたびに、そうして標語を訂正されてきた大沼さん。

そんな大沼さんとフェイスブックで知りあってオンラインでの会話を続けていたわたしを、ある時、大沼さんが誘ってくださいました。

「一時帰宅の時に一緒に行きませんか?」

初めは、遊び半分で行くところじゃないからわたしには資格がないと思い辞退したのですが、大沼さんと奥さんのせりなさんが一緒だし、慣れている大沼さんの車で、大沼さんの案内で行けるのだからと、先日、再度、誘っていただいた時に心が動きました。

前日はいわきのホテルに泊まって、10月10日朝9時に出発しました（以下、次ページ以降の写真をご覧ください）。

あったはずのものがない奇妙な静けさの中、絶望、恐怖、憎悪、悲しみの叫び……。阿《あ》鼻叫喚《びきょうかん》が耳の奥底に聴こえてくるようで苦しくなり、ただ立っていることしかできない情けない自分でした。

あちこちに高く積み上げられたフレコンバッグの汚染土。雑草が袋を突き破り雨が溜まり、醜い光景。わたしたちはみな無口になって押し黙り、ただ、見ていることしかできませんでした。

許された制限時間の5時間、たっぷり歩き回って全身に浴びた線量は4マイクロシーベルト。サーベイメータを靴に当てて測った結果、放射性物質は検出されず、とのことでした。

雑草だらけで何もない道と道が交差しているところに小さなお地蔵さんがあり、枯れたお花と缶ビールが置かれてありました。よそ者のわたしには手を合わせる資格もなく、写真を撮ることさえ許されない気がしました。

ただ立ちつくしていて、ふと、世界が原子力発電を卒業するまで、核廃絶できるまでわたしにできることはやっていこう……という想いがあふれてきて、鼻の奥がツンとして涙があふれてきました。

（２０１４年10月15日）

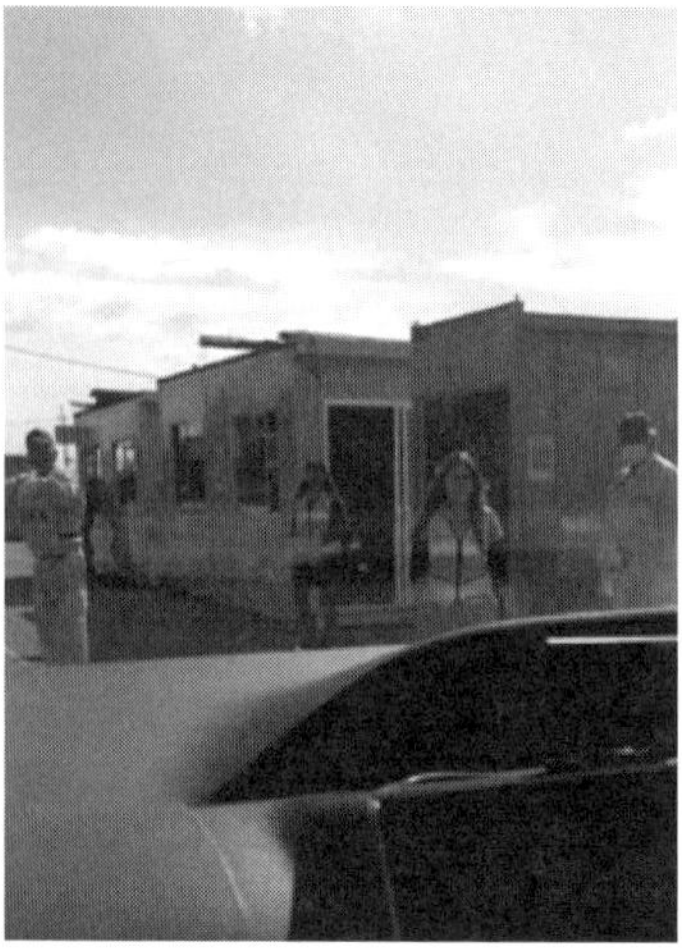

ここで着替えます。

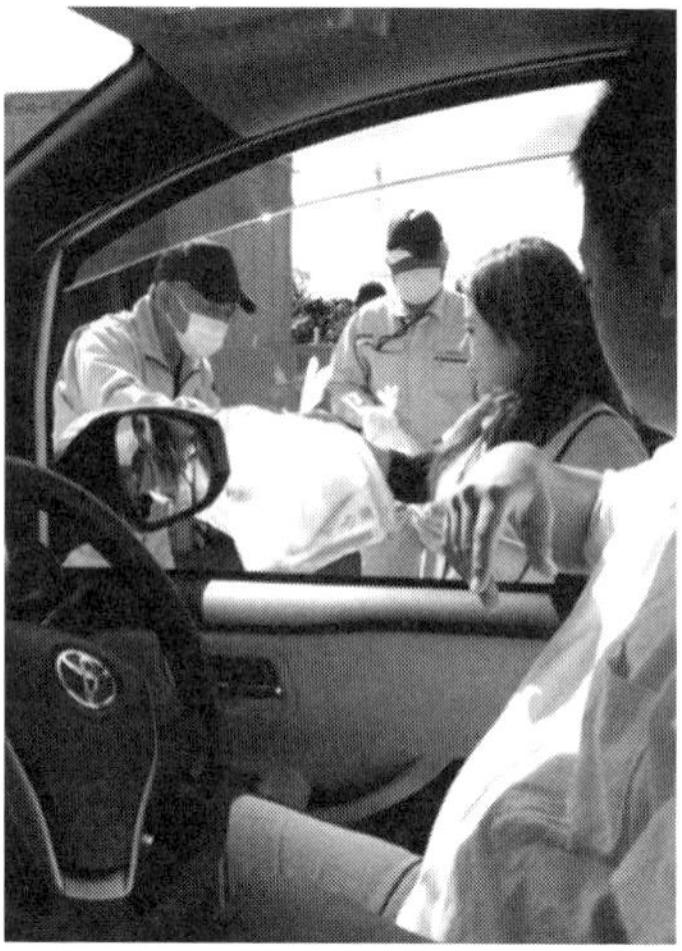

いくつかの検問所で許可証を提示して通過。

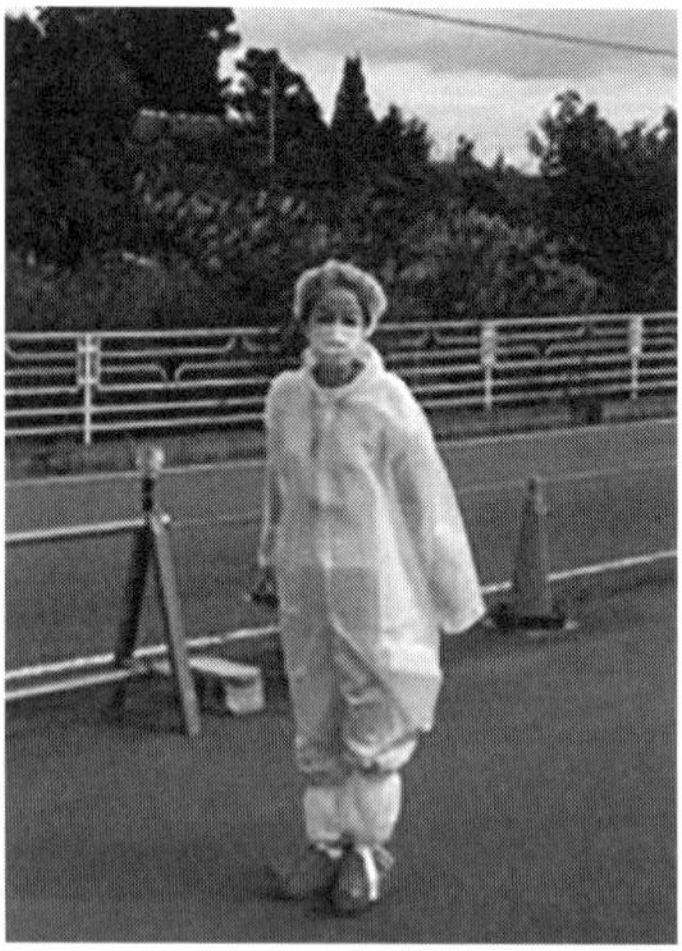

暑くも寒くもない快晴でよかった。着替えました。

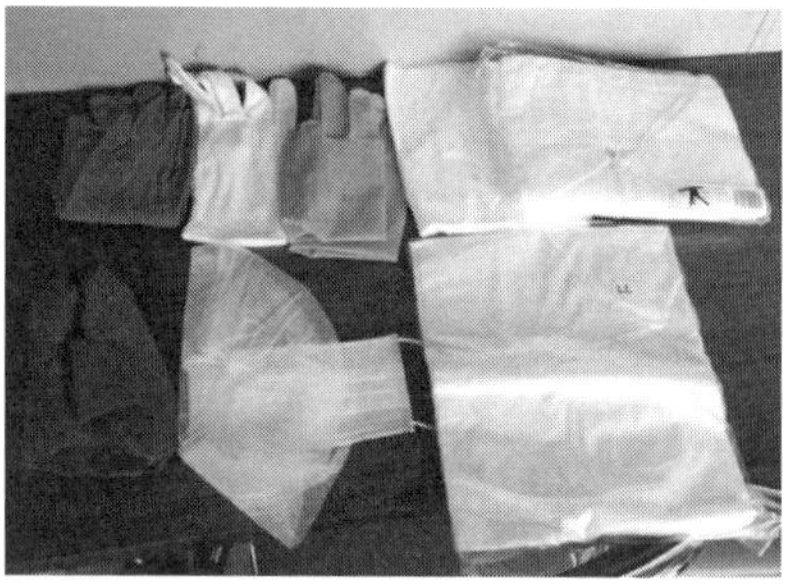

一時帰宅の際に支給されるセットは、防護服上下、靴カバー、シャワーキャップ、手袋3種類、首から下げる線量計。

双葉駅。

はるか彼方の東京まで電気を送っていた送電線、ズラっと続いている。福島第一原子力発電所で発電された電気はすべて東京に送られていた事実を東京都民の何パーセントが知っているのだろう……。

標語の前で新しい言葉に訂正する大沼勇治さん。撮影はいつも夫人せりなさん。おふたりとも研究熱心なので撮影機材も撮影技術もプロ並みです。

何度も検問所を通過。車の出入りのたびに開けたり閉めたりする係の方、何時間もここにひとりでいてたいへんなお仕事。マスクなし手袋なしの方も多かった。

福島第一原子力発電所。1.5 km 地点から。

わたしも脱原発集会の時に着ているキャサリン・ハムネットのスローガンTシャツを重ね着して……。

原発事故から3年半のタイミングでこの経験ができたことに感謝します。大沼勇治さん、せりなさん、ありがとう。

双葉町の商店街、誰もいない奇妙な静けさ。

「本木昭子《あきこ》」という女性がいたことを知ってほしい

亡くなって18年も経つというのにどうしても彼女の存在を忘れたくない、知らなかった人たちにも伝えたい……たくさんの人のそういう想いが集まってこの本が生まれました。

『だいじょうぶ だいじょうぶ 本木昭子』（「本木昭子の本」制作委員会、朝日クリエ）

1976年、小さなモデル事務所のマネージャーだった本木さんが無名の少女・山口小夜子《さよこ》と独立。欧米女性のマネではない日本女性ならではの魅力をふたりで創り上げていって、「世界のSAYOKO」を誕生させました。

「日本女性の美しさ」を資生堂のポスターやテレビCMで発信し続け、小夜子さんの姿は世界中の雑誌の表紙を飾り、小夜子さんをかたどったSAYOKOマネキンは世界中のデパートやブティックにあふれました。

小夜子さんが世界のトップモデルの仲間入りしたあたりから本木さんは、本来やりたかった仕事へと移行していきます。

「今、何が魅力か」「これから、何が大切か」。本木さんにはこれを見極める「天性の勘」があったと彼女を知る誰もが言います。「わたしには動物的な勘があるの」という言葉を本木さん本人か

『だいじょうぶ だいじょうぶ
本木昭子』

ら聞いたこともあります。わたし自身も本木さんの勧めで、女優の仕事だけでなく家具をデザインしたり司会や朗読、ちょっとしたパフォーマンスをしたりするようになり、「宮沢賢治の詩と音楽」シリーズは各地で15年続けてきました。

肩パッド入りのカチッとしたスーツを着用、両袖を肘まで捲《まく》り上げて、真珠のネックレス、黒のハイヒール、冬はミンクのコートにケリーバッグ。お金なんかなくたって、いつもいつもいつも、この格好、本木スタイル。

亡くなるまで20年、たくさんのイベントをプロデュースしました。資生堂、PARCO、SANYO、ワコール、KENZO、ISSEY MIYAKE、KANSAI YAMAMOTO。大きなイベントも小さな無名アーチストの展覧会も同じ情熱で向きあっていました。

1996年、その本木さんに突然、病が襲いかかりました。

何か尋常じゃない……と勘づいたわたしは、ためらう本木さんを説得して一緒に病院に行きました。診断の間、家族・親族じゃないただの友だちだからという理由で廊下のベンチで待っていました。

ドアが開いて出てきた本木さんの姿にホッとして、駆け寄りました。が、彼女は目を合わさず「お腹がすいた。なにか、食べよう」と素っ気なく言いました。はぐらかしている……。そう感じました。

水道橋駅近くの食堂で温かいおうどんを食べながらポツポツと説明してくれたのは、「昔、肋膜《ろくまく》をやったからそれらしいのよ。ま、大したことじゃないからヨカッタ。でもさぁ、やっぱり来てヨカッタわよ。ワカッタからね」。「はぐらかしている」と感じてはいても、詳しく突っこんでいくだけの勇気はありませんでした。

それ以降、病名とか治療法とかお薬とか、どう進行しているのか、していないのかなど、最後までほんとのことは言ってくれませんでした。わたしも、また、知ろうとしませんでした。

でも、この日以来生活を変えた本木さんとは最後まで付き合いました。気功を始め、いいと聞く治療に通い、名人だと聞いた気功師を訪ねて中国・北京まで飛んだりもしました。

が、ずっと休みなく続けていた仕事で会っていた方々は、それぞれが本木さんの「異変」に気がついていたそうです。ジャケットを裏返しで着ていた、描いた眉毛の位置が微妙にヘンだった、頭が痛いからといきなり寝そべった、地下鉄車内にバッグを置き忘れた……。

その年の8月、出先で倒れて緊急入院。

ヒロくんとダイちゃん、ふたりの息子さんと義理のお母さんが駆けつけた時は、「ま、ゆっくり療養するわよ」と言っていたらしいのですが、数日後、容体が急変。「死」を意識したのか、「小夜子とみどりを呼んで……」と言ったそうです。

急遽駆けつけた病室で、会いました。ちょっと恥ずかしそうで、でも、いつもの笑顔でした。

そして、酸素吸入の装置のせいで声にはならなかったけれど、手を握りしめて本木さんが言った言葉は、「みどり、あ、り、が、と、う」。こちらこそ、あ、り、が、と、う、だった。

翌日、亡くなりました。

本木さんが死んでしまったことを現実のこととして受けとめなければ……。

お通夜・葬儀の準備をふたりの息子さんとする中で、初めて本木さんの部屋に入りました。アパートの前までは何回も送って行ったことがあるので知っていましたが、部屋に入るのは初めてでした。

小さい部屋にシングルベッド、そして小さな箪笥《たんす》がひとつ、その上に真珠のネックレスとブレスレット、ＳＥＩＫＯの腕時計が置かれてありました。どれも彼女が毎日身につけていたものです。部屋の外に置かれたハンガーラックに見慣れたスーツが五、六着、掛かっていました。それだけ。それ以外は、なし。モノを所有することになんの興味もなかった。自分だけ儲けたり自分だけほめられたりすることを恥ずかしいと感じる感性だった。

長い間、本木さんの片腕だった長井八美さんが教えてくれた。部屋にあった聖書には傍線が引いてあって、そばに書きつけられた日付を追っていくと彼女のこころが見えてくる……と。

わたしと病院に行ったあたりから聖書を読みはじめたこと、洗礼を受け、教会に通いだしたことも知った。そんなこと、わたしにはひと言も言わなかったし教えてくれなかった。

本木さんと関わった多くの方々それぞれのこころに本木さんがいて、それがみんな違う本木さんなんだとわかるようになったのは、１９９６年に亡くなってから毎年「本木昭子さんを偲ぶ会」を続けて2年目くらいかしら。

小夜子さんもそう言っていた。小夜子さんの中の本木さんは小夜子さんだけの本木さん、だって。

その小夜子さんも、２００７年8月14日に亡くなりました。

人はいつか必ず死ぬ、死んでしまう。

本木さんのことをたくさんの人に知ってもらいたい、記録として残したいと何人かが頑張りましたがなかなか実現しませんでした。が、18年経過しても諦めなかった本木さんの片腕・長井八美さんが頑張り続けてくださって、冒頭に紹介したこの本の出版となりました。

長友啓典《けいすけ》さんが『だいじょうぶ　だいじょうぶ　本木昭子』というとびきり素敵なタイトルをつけ、綺麗なピンク色を選び装丁してくださいました。本木昭子らしい本になりました。

ほんとに口癖のように言いました。

「だいじょうぶ　だいじょうぶ」

みんなをほめて励ましました。

「あなたならできるわよ」

そして、すべての責任を黙って負っている本木昭子さんでした。

この「マガジン9」でコラムを書かせていただくことになった時につけたタイトル「発熱中」。

まさに、本木昭子さんが教えてくれたことでした。

こころにほんとうの「炎」を持つこと、消えないように、たいせつに、たいせつに自分が発熱していること。

この本木昭子さんの本を読んであなたも「だいじょうぶ　だいじょうぶ」を受けとって「発熱」してくださったら、こんなにうれしいことはありません。

最後にこの言葉をお伝えします。本木さんの部屋に貼ってあった手書きのメモです。

主よ　変えられないものを受け入れる心の静けさと
変えられるものを変えてゆく勇気と
その両者を見分ける英知を与え給え

ラインホールド・ニーバのこの祈りを今日の私の祈りとして生きたい
私たちには現実を見つめる醒めた目と
その現実に接する温かい心が必要なのだ

（2014年10月29日）

〝心の故郷〟に行ってきました

写真（次ページ）にある聖書と手書きの地図は、シスター・ヨハンナのものです。

熱心なカトリッククリスチャンだった母は、名古屋の聖霊病院でわたしを産みました。できたばかりの病院で最初に生まれた赤ん坊だったので、天蓋《てんがい》付きのレースで飾られた美しいベビーベッドに入れられて眠っていたと、その時の様子は幾度も聞かされてきました。その出産に立ち会ってくれたのがシスター・ヨハンナで、母とは生涯、仲よしでした。

３年前に１００歳で亡くなるまで神さまと一緒の人生を選んだシスターには家族がいないので、その分、わたしをかわいがってくれたのです。

わたし自身が出産する時も、たくさんのお祈りを捧げてくれました。

97歳の時、「衰弱してきています」との連絡をもらって、わたしは娘を見せに金沢の聖霊総合病院まで会いに行きました。共通の話題がないので昔の話と神さまのお話ばかり、娘も赤ちゃん扱いされて困った顔をしているという不思議な時間でした。

シスターが帰りにロザリオとこの聖書をくださいました。ご自分が使っていたロザリオと聖書です。聖書の最後のページに写真の紙が挟んでありました。２Ｈくらいの薄い鉛筆で書いたのでしょ

シスター・ヨハンナの聖書と手書きの地図。

う。「新約時代のパレスチナ」地図。

シスター・ヨハンナが行きたかったパレスチナ。母も行ってみたいと言っていたパレスチナ。

辺境好きなわたしは、普通の女性が行きたがらないような国もたくさん旅行してきました。去年のある日、何カ国行っているのかしらと数えてみたことがあります。30は超すでしょう……と思っていましたが、結果は、なんと52カ国。

ドキュメンタリー番組やグルメ番組、バラエティー番組に旅の番組、いろんな所に行きましたが、パレスチナには行っていない。母やシスター・ヨハンナが生涯に一度は行ってみたいと憧れたパレスチナ。わたしだっていつかは死ぬ。死んでしまうんだから、そう、やっぱり行こう！　と思いました。

パレスチナはイスラエルに侵攻されてどんどん土地を失っています。今では、ひとつの国・国家ではなく「パレスチナ自治区」です。

ある日、「大地を守る会」会長の藤田和芳さんがパレスチナに行く、と聞きました。「連れてってください！」とお願いしたら、「本気ですか？」と聞かれ、「本気です」「全て自己責任で、みなさまの足手まといにはなりません」と繰り返し、ついに「大地を守る会」のオリーブ油買い付けチームに交ぜてもらえることになりました。8月末にイスラエルがエジプト提案の休戦に合意したことで、ビジネスも再開したのです。
行きたいベツレヘムやエルサレムはパレスチナ自治区。直行便がないので韓国・仁川《インチョン》空港からイスラエルのテルアビブ空港へ。そこからの8泊は、すべてバス移動です。自治区として区別された地域は8メートルもの高さの「分断壁」で囲われています。「ベルリンの壁」よりもっともっと威圧的です（以下、次ページ以降の写真をご覧ください）。

今は「無宗教」な自分ですが、カトリック教会の雰囲気が自分の感性の基本のひとつになっていると思います。

毎日曜日のミサでの礼拝、告解、日曜学級、神父さんも一緒の夏のキャンプ。パイプオルガンの響き、賛美歌、ミサの間にたかれる「福音香」の香り、キリスト受難を描くステンドグラス、独特の白さのレースのベール、たくさんの祈りの声が重なって上がっていくお御堂《みどう》の天井……。

シスター・ヨハンナと母とわたしの3人旅はいいものでした。やっぱり生きているうちにしかできないことは生きているうちに、ですね。

父を失い母を失いシスター・ヨハンナも失ったいまや、わたしの心の故郷はカトリック教会内の静かな暗闇となっています。

（2014年11月26日）

この人々の右手に「その場所」があります。教会そのものに入ってからここにたどり着くまでに小一時間ほどかかります。

オリーブ畑や搾油工場見学、公のプログラムなどを終えて、いよいよ、エルサレムに入ります。

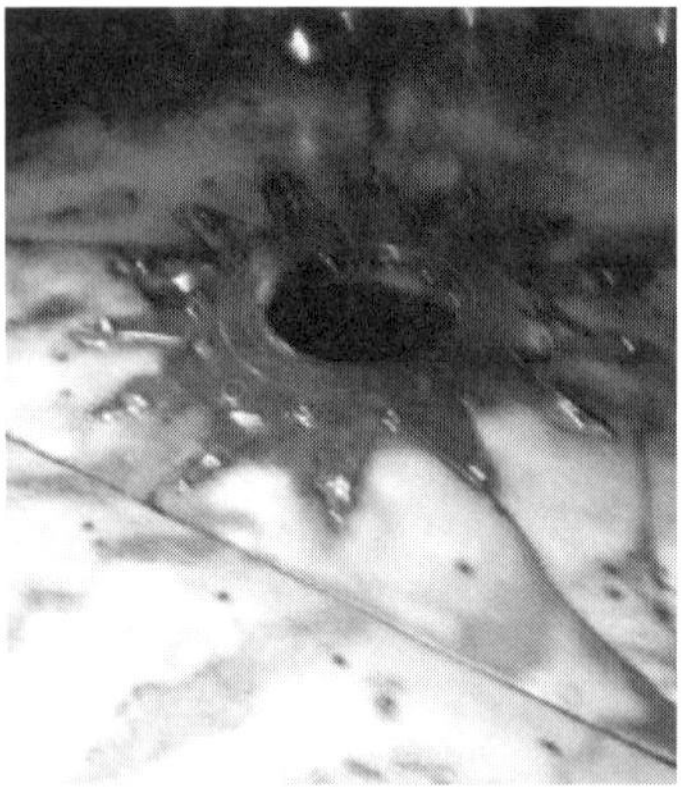

大理石に金属の星の形。この位置でキリストが生まれたそうです。みなさんここにひれ伏して、この金属に手を当て、その手を頭に顔に胸にこすりつけ、そして、キスしていきます。混んでいるのでどの人も最短の早業。映画の早送りを見ているようで微笑ましかったです。

ここが、シスターと母が憧れた場所。イエスが生まれた馬小屋の位置を保存している生誕教会。どんな人も、たとえ王さまでも、ここだけは身を屈めなければ入れない入り口です。

この急な狭い階段が、ゴルゴタの丘への道へと続く。

十字架を背負って、磔になるゴルゴタの丘までを歩いた道が「Via Dolorosa 悲しみの道」。

ここは第12ステーション、イエスが息を引き取ったその場所。この聖墳墓教会の中にさらに小さな教会があり、そこにお墓があるそうです。が、とても狭くて2~3人しか入れないので順番待ちの列が何重にもできていて……。わたしたちにその時間はありませんでした。

「悲しみの道」14地点のうちの第3ステーション。拷問され十字架を背負わされ歩き出して倒れた地点。

日本が崩れかかっている

ここは、パレスチナの死海のそば、海抜0メートル地点。

死海は海抜マイナス約400メートルの塩水湖。普通の海水が塩分濃度3％なのに比べ、33％と濃いので人体は浮きます。魚などの生物は棲めないので「死の海」。たくさんの観光旅行客で賑やかでした。でも、「海」が苦手のわたしには入っていって浮いてみる元気はありませんでした。

「大地を守る会」のツアーに交ぜていただいて実現したパレスチナ旅行ですから、わたしのわがままはご法度、です。死海に行くより市場に行きたい、とか、通りを見通せる角度のレストランに陣取って道行く人を眺めていたい、なんてわがままは、はい、言いませんでした。バスが死海に着いて、みなさんが海水パンツに着替え海に入り、プカプカ浮いてるのを眺めてお荷物番してました。

でも、せっかくの死海。記念にと写真を（次ページ上の写真）。撮ってくださったのは「大地を守る会」の豊島洋さん。こんな写真（次ページ下）も撮ってくださいました。兵士が肩に掛けているのは本物の銃ですから、わたしは心身ともに複雑。ちょっと恐怖でした。

この前日、パレスチナ人の運転する車がイスラエル兵士のところに突っ込み、3人死亡。そこに居合わせた何十人もの人が重軽傷を負ったと、ランチタイムにテレビの生中継で見たばかりでした。

イスラエルの教育制度は、小学校6年・中学校3年・高校3年と6・3・3制で日本と同じですが、違うのが徴兵制です。高校を卒業する18歳から、男子は3年間、女子は2年間の兵役が義務づけられています。大学へ行くとしても、兵役を果たしてからなのだそうです。

パレスチナを20年以上取材されているジャーナリスト土井敏邦さんがつくられた映画『沈黙を破る』は、フツーの若者を入隊訓練によって「殺人鬼」に仕立てていくプロセスが描かれています。そうした訓練を受けた若い若い兵士がパレスチナ自治区のあちこちにいます。ほんとに、あちこちにいます。パレスチナ人を見張り、監視し、弾圧しています。

死海で「WORLDWIDE NUCLEAR BAN NOW」(いずれも豊島洋さん撮影)。

イスラエル軍の若い兵隊さん2人と。

わたしのようなフラリとやってくる「外国人」が珍しいらしくパレスチナの人たちが話しかけてきます。「一緒に写真を撮ろうよ」って。でも、次第にわかってきました。写真を撮って世界に知らせてと言っているのです。この現実を、イスラエルのやり口を、あなたの国に知らせて、パレスチナの現実に目を向けて、できれば力を貸してほしい……って言っているのです。

そう、思い出すと、「歓迎の挨拶をしたい」とバスの中にまで乗りこんで話してくれた故アラファト議長の甥御さん。パレスチナ自治政府の女性お役人と、去年まで18年も拘束されていて、今も、移動を禁じられているという男性。

占領軍が、他国の国会議員の22％も不当に拘束しているという事実。パレスチナ自治政府の国会議員132人中、29人が何の理由もなく、不当にイスラエルに拘束されているそうです。アクラバ（Aqraba）という村の村長さんも、イスラエル人が侵略してきてどれだけ壊されたことかと、昔の写真と同位置から撮った現在の写真集を見てほしい、伝えてほしい……と。

「外国人」と写真を撮るパレスチナの子どもたち。

イスラエル側へのチェックポイントでバスを待っているイスラエル兵士たち。金髪ロングヘアーの女性が、まるでテニスラケットを肩に掛けているかのように自動小銃を持っている。

兵役は女子は2年、男子は3年。相手が幼児であろうと老人であろうと、学校であれ病院であれ、「標的」と指示されたものに発射する訓練をされている。

この土漠のような景色の中で会った羊飼いの青年は、わたしを見据えて、こう言いました。

「ここで生きていくのはたいへんなんだ。大学を出たけれど仕事なんて何もない。いつだって丘の上でイスラエル兵士が監視している。「Cゾーン」のこの地域では時に不当に荒らされるし、井戸を掘るのも許可されない。つまり、出てけってこと。代々僕たちの土地なのにだよ」

時に涙しながら訴えるのでした。このわたしに、です。

キリスト教の聖地に行きたいという亡き母の想いと一緒に旅したかっただけのわたしにも、パレスチナとイスラエルの長い対立の歴史が迫ってきました。あまりに知らなさすぎる自分に呆れつつ、一枚の写真に狼狽《うろた》え、涙し、動揺したことを思い出します。

悲惨な写真をたくさん見たガザ攻撃のあの時期、その写真は特別、わたしに響きました。破壊された家の中で母親なのか左手に立っている女性は外を見ている。少女は食べものを手に座っている。静かな静かな悲しみが伝わってくる。

故アラファト議長の甥御さん（真ん中）と。

パレスチナ自治政府の女性お役人と18年拘束されていた男性。

そして、いきなり込み上げるものがありました。

「申し訳ない……、ほんとに、申し訳ない……」

わたしはこの少女と目を合わせることができるだろうか……。

さらに思い出します。以前、同じように動揺してしまった写真があります。「焼き場に立つ少年」。ジョー・オダネルという米軍カ

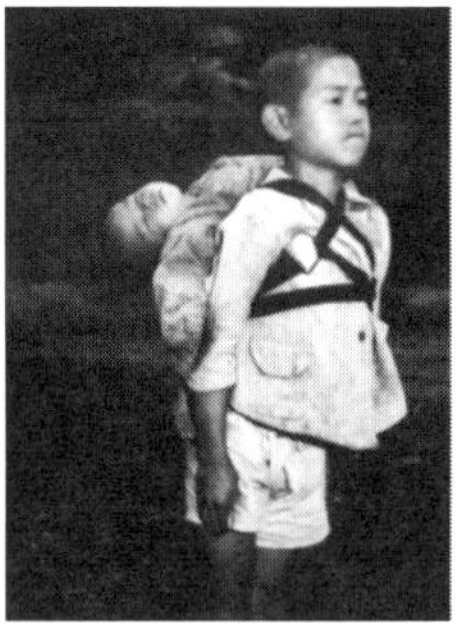

ジョー・オダネル「焼き場に立つ少年」

メラマンが撮影した有名な一枚。この写真を見た時も「申し訳ない、ほんとに、申し訳ない……」とうなだれたのでした。

今、平和なこの日本にいて、暖かいお日様の中で書いています。が、ちょっと思い出してみると、あの恐ろしい3・11から、自分の身体の中で起きた決定的な変化。政府もマスコミも信用できない、自分の人生の手綱は誰にも渡さない、委《ゆだ》ねないという決意のもとに、原発反対、寄付、署名、デモ、集会、選挙の応援、自分なりにできることをジリジリ続けてきたけれど、なんの効果もないという絶望感があり、つい最近の、身近な友人・北原みのりさんが不当逮捕されたことで味わった恐怖……。

そして決定打となりそうな衆議院選挙。自民圧勝とマスコミが煽《あお》るけれど、自民が圧勝しては、もう戻れない道へ転がり落ちていく、と敬愛する方々が警告し教えてくれている。

12月14日、目前です。できることをしていかなければ。平和な日本が崩れかかっています。

（2014年12月10日）

はい、わたし学習魔です

前回のコラム「日本が崩れかかっている」を書いたのは衆議院選挙の投・開票日の直前でした。選挙結果を知るのが怖い……日本が崩れかかっている……と書いたのでした。

で、結果はみなさまご存知の通り。あれから10日間。脱原発・再稼働阻止・憲法改正反対と動いてきた方たち、みなさまの心はこの10日間でどう変化したでしょうか？　わたしは、投・開票日の晩、開票速報を知るのも嫌で、夕食をすませてすぐ部屋に閉じこもり音楽漬けになっていました。翌日もその翌日も音楽に逃避、散歩に逃避、焚き火に逃避、暗闇に逃避していました。

そうだ、あの本に答えが書いてあった……と思い出し、ひと月前に読んだ『日本はなぜ、「基地」と「原発」を止められないのか』（矢部宏治、集英社インターナショナル）を読み返しました。なぜ、「基地」も「原発」も止められないのか、なぜ、こんなにも自民党が圧勝するのか。

ちょっと、わかりました。でも、ちょっとだけなので、もう一度、用心深く読みました。えぇぇぇっと思うことが書いてある行には赤鉛筆で線を引き、そのページに付箋を付けて読み進めたら、付箋だらけになりました。目から鱗がポロポロ落ちました。

ほんとに何もわかっていないんだな、この国のことを。わたしは中卒で勉強が足りてないから、基礎知識が不充分。中学・高校で学ぶ社会の仕組みの基礎がないから、日本の歴史・経済・社会、いまいち、理解できていない。

「でも、だったら学べばいいじゃないの自分」と心に自分の声があり、考えがまとまって、身が軽くなりました。そして、石垣りんさんの詩を思い出しました。長いけれど引用します。

私の前にある鍋とお釜と燃える火と

それはながい間
私たち女のまえに
いつも置かれてあったもの、

自分の力にかなう
ほどよい大きさの鍋や
お米がぷつぷつとふくらんで
光り出すに都合のいい釜や
劫初からうけつがれた火のほてりの前には
母や、祖母や、またその母たちがいつも居た。

その人たちは
どれほどの愛や誠実の分量を
これらの器物にそそぎ入れたことだろう、

ある時はそれが赤いにんじんだったり
くろい昆布だったり
たたきつぶされた魚だったり

台所では
いつも正確に朝昼晩への用意がなされ
用意のまえにはいつも幾たりかの
あたたかい膝や手が並んでいた。

ああその並ぶべきいくたりかの人がなくて
どうして女がいそいそと炊事など
繰り返せたろう？
それはたゆみないいつくしみ
無意識なまでに日常化した奉仕の姿。

炊事が奇しくも分けられた
女の役目であったのは

不幸なこととは思われない、
そのために知識や、世間での地位が
たちおくれたとしても
おそくはない
私たちの前にあるものは
鍋とお釜と、燃える火と

それらなつかしい器物の前で
お芋や、肉を料理するように
深い思いをこめて
政治や経済や文学も勉強しよう、

それはおごりや栄達のためでなく
全部が
人間のために供せられるように
全部が愛情の対象あって励むように。

石垣りんさんがこの詩を書いた時期からきっと50年は経過しているから、女性・男性の性差や環境の差は大きいと思う。高1で学校に行くことをやめて、役者の道を選んだわたしはこの詩が好きで、石垣りんさんともお目にかかっています。会いたい人と対談していいという企画が、資生堂のイベントであった時、わたしは石垣りんさんを希望、実現したのでした。それをきっかけに連絡をするようになり、我が家でご飯をご一緒したりもしました。

亡くなって西伊豆に記念館ができる時には、りんさんからいただいた手紙を寄付しました。

今や、この詩と「表札」という詩は、わたしの精神の背骨になっています。そう、だから絶望などしていられない。りんさんが教えてくれたことを、今こそしっかり受け継いでいかなければ。

深い思いをこめて
政治や経済や文学も勉強しよう、
それはおごりや栄達のためでなく
全部が
人間のために供せられるように
全部が愛情の対象あって励むように。

あのおそろしい3・11から、自分の身体の中で起きた決定的な変化。政府もマスコミも信用できないから自分の人生の手綱は誰にも渡さない、委ねないという決意のもと、原発を止めるために自分なりにできることはなんでもしてきた、重ねてきた。寄付、署名、デモ、集会、選挙の応援……。でも、その結果はいつだってなんとも無残な現実。

10日前の衆議院総選挙で自民党圧勝という結果には決定的に打ちのめされました。政治家は嘘のつき放題、ばれなきゃいいとばかりに愚劣なことが横行、大切なことは報道されず正義がつぶされる……。こんな世界で子どもを育てていくの？　なぜ？　なぜ、何も変わらないの？

はい、答えはこの本が教えてくれました。『日本はなぜ、「基地」と「原発」を止められないのか』。そう、わたしたちのこの国は独立国じゃなかった、米国の属国だった。憲法より日米地位協定の方が上位にあり、大切なことはすべて日米合同会議が決めているのだった。

この本を、ぜひ、読んでください。

知りたいことが次から次へと、読みたい本が次から次へと、観たい映画、行きたいイベント、行きたいところ、会いたい人が次から次へと。

ある人がわたしのことを「学習魔」と呼び、やさしく笑いました。

はい、たとえ明日死ぬとわかっても行く先に明るい光を見出して、「深い思いをこめて」学習します。だって、昨日知らなかったことも今日も生きて学べば知ることができるのですもの。

人生は生きるに値する。

（２０１４年12月24日）

隠さずに、世界へ発信

「川内・高浜原発を再稼動させない！ 東京集会＆デモ」（豊島公会堂・ホール）で司会（2015年1月24日）

2015年1～3月

「Don't forget FUKUSHIMA」を世界へ

前回のコラム「はい、わたし学習魔です」からひと月以上経ってしまいました。ま、このコラムが2週に一度でも2年に一度でも、誰ひとり困らないことですが。

2015年も気楽な独り言をこんなふうに書いていきますので、お読みくださったらうれしいです。

1月5日、「経産省前テントひろば」で本年初の記者会見、司会をしました。司会者というのはゲストがスピーチされている時、ヒマです。

だから、気づきました。経産省前のこの交差点は8車線が交わる大きな交差点です。その交差点に面していますから信号待ちの車は停車している間、わたしたちの様子を見ています。2階建て観光バスに乗っている外国人観光客も乗りだしてこちらを見ています。指差して何か言っています。カメラで写真を撮っています。

ふと、自分の背景を振り向いて気がつきました。あちらから見える光景の中に英語表記がありません。「Don't forget FUKUSHIMA」とか書いてあれば、何のためのテントなのか、新年早々、朝早い寒風の中で何をしているのか、きっと、わかってもらえます。旅行から帰ったら、撮った写真を友だちに見せて説明してくれるかも知れない。やっぱりここにこそ、英語表記のものを作らなければ……。

わたしに「司会をして」と依頼してくださった「テントひろば」の方に提案しました。「わたしはその係じゃないからわからない。あの女性が作ったから聞いてみて」。その小柄な年配の女性に提案しました。

「そう、英語のね、そうそうあったほうがいいですよね〜〜。うう〜ん、でも、手が足りないし、キウチさん、あなたがやってください」

うぐっ、うぐぐ、そうなるか〜〜。「はい、わたしが作りますっ」。ということで、はい、ひと仕事、増えました。

わたしの人生の中での「驚きベスト10」に入る出来事、2013年6月にロンドン日本大使館前で英語で脱原発のスピーチをしたことでつながった、英国の反原発グループ「JAN UK」。このグループに英語のバナーを送りました。

「さようなら原発1000万人アクション」@亀戸中央公園集会で使ったバナー。ずっと英語表記のバナーを作ってくださいとお願いして、お願いして、やっと、作ってもらったものです。これを集会が終了したらそれでおしまいと捨ててしまうのはもったいないから、英国グループに届けたいとお願いしました。大きな梱包ですし、丁寧に梱包されているからそのまま英国に

「Don't forget FUKU」と半分で切れてしまったバナー。

送りました。

ところが、「Don't forget FUKU」と半分で切れていたんです。あぁ〜これじゃ何の役にも立たない〜〜！　誰がこんないい加減なことしたの……と不機嫌になる気持ちを抑えて、もう半分の片割れを見つけ出し、梱包して、再度、英国に送りました。

1月9日、世田谷区議選に挑戦することになった岡田哲扶《てつお》さんと対談。山本太郎さんや三宅洋平さんの選挙を動かしてきた方で『三宅洋平　選挙フェスのつくりかた』(8com Entertainment)という本の著者です。大量に印刷するフライヤーに載せる対談をしました。

4月26日投票日。世田谷区民の方々、岡田哲扶、「岡田てつお」を覚えてくださいませ。

対談と岡田哲扶さんとのツーショット撮影の後、経産省前テントひろばへ。どこにバナーを掲げるのか、どのサイズにするのがいいのか。外装のプロと一緒に現状把握。写真(次ページ)の左の女性がこのテントの外装を仕切っている玉中恭子さんです。素人です。白いビニール幕に赤や黒のビニールテープを切り貼りして文字にしています。

そう、ここでは何もかもが「臨時」で「持ち寄り」。そして、みなさん、高齢です。テントが張られた２０１１年９月11日から１１４４日。「原子力発電はもうやめよう」との思いが全国から集まってテントになり、その時々の人々がその時々でできることをしてきて、やっと成立・継続しているのです。

政府や東京電力、顔の見えない圧倒的な力に抵抗するには本当にか細い、微《かす》かな力です。でも、考え出すとキリがないから、「微力であっても無力ではない」という言葉を支えにみなさん、ギリギリの奮闘を続けていらっしゃいます。

ここにどんな英語表記が最適か、英国人と米国人数人に教えてもらってたどり着いた言葉は、やはり「Don't forget FUKUSHIMA」。福島で起きたことを忘れないという意味と、福島の方たちの苦難を忘れないという意味と、「HIROSHIMA–NAGASAKI–FUKUSHIMA」とつなげていく効果とがあるからです。

玉中恭子さん、真島辰也さん、事務局・垣内成子さんと。

外装のプロ・真島辰也さんにお願いして現場を見ていただき、実際のサイズを測ってもらいました。

わたしは心の狭い女なので、できれば出来事は一日ひとつ、せめて、ふたつであって欲しいと思うのですが、今日このごろは、毎日毎日濃い出来事が展開していくので心がアップアップ息苦しい時間が続きます。

沖縄・辺野古での「殺人鉄板」（沖縄防衛局がキャンプ・シュワブのゲート前に設置した三角形の突起が並んだ鉄板）を知っ

た時は目の前が暗くなるような恐ろしさで震えました。この上で座るなど容易ではありません。底の厚い靴を履いていても痛いそうです。こんなものを考える人がいて溶接する人がいて、どんなものか知っていて扱う業者がいて運搬する人がいる……。

米軍キャンプ内に待機する機動隊が、ここに寝転んでいる反対派の人々を引っこ抜こうとしている様子をツイキャスで見ました。反対派は「わたしたちはここに寝転んで歌を唄っているだけ！」と叫んでいます。辺野古に行けない何もできない役立たずな自分にいらだちが募ります。

フランスでのデモ（2015年1月、イスラム教の開祖ムハンマドの風刺画を掲載した週刊紙『シャルリー・エブド』の本社が襲撃されたテロ事件への抗議行動）。370万人！ 3000人でなく、3万人でなく、30万人でなく、300万人と70万人！

パリでは、パリ市民は220万人でデモ参加者が150万人。150万人参加のデモ！

東京にはあれだけの巨大デモをする「場所」がない……と思いたかったのですが、それは間違い、場所はあるのです。皇居前広場。

パリの共和国広場は約3万3000平方メートル、ロンドンのトラファルガー広場は1万2000平方メートル、北京の天安門広場は44万平方メートル、皇居前広場は芝生を含めて46万5000平方メートルで、天安門広場より広い！

場所はあるのですが……実際に……行動する人が……少ない……。そこが最大の問題。

１５０万人を超す人々が抗議の声をあげて皇居前広場を埋め尽くす、そんな日を夢見て、これからも自分にできることをジリジリと……。

1月19日、映画『地球交響曲（ガイアシンフォニー）第八番』ナレーション録り。このシリーズ（英国の生物物理学者ジェームズ・ラブロック博士の唱えるガイア理論、「地球はそれ自体がひとつの生命体である」という考え方に勇気づけられた龍村仁監督によって制作されたオムニバスのドキュメンタリー映画『地球交響曲』シリーズ）、第一番、二番、三番、四番とナレーションしてきて、五番、六番、七番と離れていました。が、この第八番が最後となりそうとの連絡で参加させていただくことになりました。

「I AM KENJI」「WE ARE KENJI」

1月24日。「川内・高浜原発を再稼動させない！　東京集会&デモ」@豊島公会堂・ホール、司会。この日、お隣の建物、豊島区民ホールでは小出裕章さんの講演会があったのですが、時間がずれていて参加不可能。控え室に伺ってご挨拶くらいしたかったのに、まことに残念。客席の５５０名の方々にご賛同いただいて「I AM KENJI」「WE ARE KENJI」。

1月29日現在、中東取材中に武装グループに拘束された後藤健二さんはまだ拘束されたまま。どうかご無事で帰国されますように。

（２０１５年2月4日）

何が消されているのか――「表現の不自由展」に参加して

素晴らしい貴重な展覧会でした。

「展示中止」「掲載拒絶」「作品撤去」「自粛」「検閲」。いろんな形でわたしたちの目の前から遠ざけられているものを集めて、展示してくれました。絵画・写真・彫刻・俳句・映画・テレビドラマと作品の形態は様々。

1月18日から2月1日まで小さな「ギャラリー 古藤」での開催。わたしは4回、通いました。

〈テレビドキュメンタリー「放送禁止歌――唄っているのは誰？ 規制するのは誰？」〉の回

1999年放映のドキュメンタリー番組。ディレクターの森達也さんのアフタートークが貴重でした。放送禁止と指定されて放送できなかった歌の数々。

〈テレビドラマ「ひとりっ子」〉の回

1962年、RKB毎日放送制作。試写会まで行われた芸術祭参加ドラマなのに、直前になって突然放送中止となった「幻の映像」。すでに亡くなった俳優の加藤嘉さん、今福正雄さん！ 仕事をご一緒したことがあるので、お声を聴いて懐かしさで胸がいっぱいでした。山本圭さん、佐藤オリエさんの若々しい姿にも感激。

このドラマの演出をされた久野浩平さんはこの放送中止事件以降、RKB毎日放送をお辞めになって東京に移り、テレビ朝日、フジテレビ、TBS、テレビ東京の番組でたくさん演出されていきます。わたしも武敬子さんプロデュース作品でたくさんご一緒しています。

そうそう、久野浩平さんはラジオドラマ「中村一郎」で、まだまだ駆け出しだった劇作家の寺山修司の才能を見出したことでも有名です。

スポンサーの東芝が降りることで突然中止となった経緯などを詳しく解説してくださったのは、『放送レポート』編集長の岩崎貞明さん。岩崎さんが書かれた本『放送中止事件50年――テレビは何を伝えることを拒んだか』(メディア総合研究所編、花伝社)を買ってきて読みました。

1953年2月1日、NHK東京テレビジョンが本放送を開始してからの50年間にどんなものが放送中止となってきたのかを教えてくれる貴重な記録です。

ショックなのは、1953年から2003年の50年を記録したこの本の出版時から、2015年の現在までさらに12年が経過していますが、実はこの12年間は、放送中止となる番組がほとんどなかったということ。それは、あきれるほど簡単な理由です。誰も、どこも、放送中止になりそうな題材を選ばない……、企画しないようになったから……。

「自粛」「自主規制」。制作する側が自主的に大きな力には逆らわない、長いものに巻かれていくようになってしまった。空気を読んで自粛・自主規制……。

こんな現実を詳しく知って、悲しく、溜息が漏れてしまいます。

〈澤地久枝さん〉の回

1月31日、この回は澤地久枝さんのお話だけで終始しました。会場は澤地さんのお話が聴きたい、お元気な澤地さんにお会いしたいという方で満席。刺激に満ちた時間でした。

澤地久枝さんは、先日の「「女の平和」1・17国会ヒューマンチェーン」で着ていらした真っ赤なコートで可愛らしいお姿でした。

「戦争が終わった時、あ〜〜神風は吹かなかったなあ〜って思いましたよ」

「出てこいニミッツ、マッカーサー、出てくりゃ地獄へ逆落とし♫　なんて唄って」

「まど・みちおさんも鶴見俊輔さんも慰安所なんてところには一度も足を踏み入れなかった」

「わたしを捕まえたければ捕まえなさい、わたしは恐れないで自分の思ったことを言い続けます」

「アカと呼ばれてもバカと呼ばれてもいい、小さな旗を掲げて歩き続けます」

「もうみんなね、黙ってちゃダメ、みんなもっと喧嘩していかなきゃ」

「打っても響かない人が多いけど、絶望はしない。希望を持っています」

「なんでみんな、身を守るように保守的になっちゃったんでしょうね。この70年間で自分の意見を持たない「お豆腐人間」ばかりになっちゃった」

「デモで大声上げたり拳を突き上げたりは好きじゃないから、ただ黙々と歩きます、歩ける限り歩きます」

「五味川純平さんの助手を9年、その前、『婦人公論』の編集者として9年、いろんな資料を集めましたよ。それに加えてね、元兵隊さんでもう自分の命がないと思う人たちが、この写真はあなたが持っていてねって、貴重な写真を送ってくださるの。だから、たっくさんあります。でもウチに出入りしている若い人たちの目についてもイヤだろうと、奥深くにしまってたけれど、もうね、このごろ、戦争をしたい人がトップですからね、戦争の酷《むご》たらしさを話せる方もどんどんいなくなってしまうし、だから、もう出そうかと思ってるの。それはそれは酷たらしいですよ。切られた首が、針金一本でつながっているの、それがいくつもいくつも並んでるの。人肉食いだってあったんですよ」

会場はひきこまれて奇妙な静けさで満たされていきました。

最後の方で、現在84歳の澤地さんがその晴れやかな声で「わたしだっていつか消えますからね、びっくりしないでくださいね」とおっしゃった時には、聞いてるこちらが泣きそうになりました。

慰安婦像の前で澤地久枝さんと。

〈最終日「まとめディスカッション」〉の回

満席、満杯。入れてさえもらえなかった方々はさぞかし不満だったと思います。

この企画が発表されてすぐ予約したので、わたしは開始時間ギリギリに着いても席を用意していただけました。が、早くに着いたというのに予約してなかった人は入場を待たされ、やっと入っても立ちっぱなし。だから、混み混みぎゅうぎゅうでした。

わたしは座っているものの後ろの方なのでお話しされてる方のことはまったく見えません。しかも、わたしのすぐ横の大柄な男の人が、まぁ〜よく動かれるのです。ちょっと右にちょっと左に傾いたり、足元の荷物の位置を微妙に変えたり、その都度、その方のナイロン素材のジャケットが擦れて小さいけれど耳元で繰り返されるとなんともイヤだという音がして。不快で不快で。身をよじって耳の位置を変え抵抗を示して「どうかやめて」とお願い信号を出すのですが、まったく気づいてくださらない。あ〜今も思い出すと耳の底がイライラしてきちゃいます。生理的な不快というのは、強烈なものですね！

ですから、この日のお話は半分も心に残りませんでした。

ところが、ところが、最後の最後に大ハプニング、勃発したのです！　最後のQ&A、まさにこれが最後というタイミングで、ある男性が発言。

「こういう準備をしてこういう作品を展示したとか、こういうトークがあってこういう展開したとか、そういうんじゃなくてさ、そちらからこっちに押し付ける形じゃなくてさ、まさにここからがスタートなんだよ、表現の自由を考えるってことは。AとBがぶつかってCが生まれるっていうそういうことをこそやんないとって思うんだよ。あと、3分しゃべらせて。わたしは〜〜〜〜」

司会の方が「時間が押しているので」と遮りたい意向を示すとすぐに、「なんだその言い方は、そうじゃなく権力と闘うためにはもっともっともっと〜〜〜、あと3分、〜〜〜〜」。

それまで黙っていた永田浩三さんが立ち上がった。

「そうじゃないでしょ、そうじゃないっ!」

いつも穏やかで柔らかくやさしい永田浩三さんがその男性のそば真正面にまっすぐ立って、「そうじゃないよ! そうじゃない!」と再度繰り返し、男性はさらに大きな声になって「じゃぁ、続けさせろよっ!」。

……とこう書いているのはわたしの記憶でしかなくて、その男性のことも永田浩三さんのことも正確に書けっこないので、もう、ここでやめます。

が、言いたいのは、この展覧会がそれだけ値打ちがあったってことなのです。その男性をそれだけ刺激したのですし、そのことがわかるからこそ永田さんも真剣な対応をされたのだし。

今日では誰もが、自分のことだけ、自分の家族のことだけ、自分の任期だけ、自分の利益だけを優先して、他者の苦しみ・悲しみには気がつかなかったフリをして生きている……。力の弱い人やたまたま不運な時を過ごしている人にも、無関心。そして自分に都合のよい偏見を軸に差別を無意識に繰り返している。

もちろん自分の反省あってこそなのですが、ほんとにこの時代は生きにくい。「濃い出来事」が、次から次へと起きる。受け入れがたいことが連続して重なってくる。襲ってくる。だから、日々、自分にできることをして、できないことはさっさと諦めて、よく眠ること。一回限りのこの人生、誰にほめられなくても誰の目に留まらなくてもいい、これが素敵と思える瞬間を生きていたい、そう思いました。

この稀有な展覧会を企画し、準備し、運営し、総括して後片付けしてくださった方々、みなさんに感謝！ です。ほんとに、素晴らしい展覧会でした！

（２０１５年２月11日）

英語じゃなければ……

2月15日。朝は米国、深夜には英国と、電話取材とスカイプ・ミーティング。一日にこういうふたつが重なるとは珍しい偶然ですが、受けるこちらとしては　朝の9時と深夜24時というのは、ありがたいようなありがたくないような……(笑)。

聴いてくださる方に失礼にならないよう、寝起きの雰囲気が出ないように、7時30分には起きて洗面、着替えもしてお茶もして、固定電話の前に座って待ちました。

かけてきてインタビューしてくださるのは、米国カリフォルニアの「ニュークリア・ホットシート」というポッドキャストで、福島第一原子力発電所事故から4年目を迎えるＦＵＫＵＳＨＩＭＡ特集への電話出演です。日本語で話して、英語とドイツ語に吹き替えられます。

１９７９年3月28日、米国ペンシルベニア州のスリーマイル島原子力発電所事故があった時に、原子炉から1マイル（約1.6キロメートル）に住んでいて被災したリビー・ハリビー（Libbe HaLevy）さんが、２０１１年3月11日の福島第一原発事故を知って、地球の未来と人間の未来のためにできることをしようと立ち上がったのが、この「ニュークリア・ホットシート」の始まり。

フェイスブックに書いたことに反応をしたふたりとつながったことがきっかけで、社会に向けてアクションしていこうとはっきり決意。２０１１年6月14日に立ち上げました。

ウェブ上での発信は、テレビ・ラジオや紙媒体に比べて安く手軽に運営できます。この「ニュークリア・ホットシート」では、米国のみならず世界中の「原子力発電所関連」のホットな話題を取り上げ、毎週一度更新しているので、いまや巨大なポッドキャストになっていて、世界中に注目されています。英語だけでなくドイツ語でも聞けますし、これからさらにスペイン語、フランス語と増えていきそうです。去年3月のＦＵＫＵＳＨＩＭＡ特集にも出演させてもらいました。

英語といえば……。

「さようなら原発１０００万人アクション」の司会をさせていただいていて気がついた「英語表記」。集会のステージ上のどこかに、また、デモ行進をする先頭が持つバナーのどこかに英語表記があれば世界に発信できるのに、一切なくて日本語表記のみだから、世界の目を集められない！

世界の人は「福島の現在はどうなのか」を知りたがっているのに、日本のメディアは真実を発信しない。日本人以外に読めないんじゃ効果がないじゃない！　世界は英語でまわっているのだから英語じゃないと……。毎回、主催者の方に提案・お願いをしました。何度も何度も何度も、提案・お願い、そして懇願しました。

やっとできたそのバナーを集会で使用後、捨ててはもったいないから英国の脱原発グループ「JANUK」に届けました。とても喜ばれました。

そして、前々回のここのコラム（52ページ「「Don't forget FUKUSHIMA」を世界へ」）で書きましたようにに経産省前テントひろばにも英語のバナーをプレゼントすることにしました。

バナーはもうできあがっていて、2月20日に、製作してくださった真島辰也さんと設置してきます。あぁ、うれしいうれしい。思いついたことを提案して同意が得られ、たくさん賛同の声をもらい、でも、でも、わたし自身がやることになり、わたし自身のお財布で賄うことになりまして、その展開に微笑んでしまいますが、ま、実際に効果が見えてることですもの、そのまま実行すればばいいだけのこと。

で、そのバナー、作る過程を聞いていて、また思っちゃいました。用意した生地を経産省前テントひろばにすでにある日本語バナーとサイズを揃えると、下半分くらいが余る……とのこと。

ならば2枚作ればいいい！

「またロンドンに送りましょうか」と深夜のスカイプ・ミーティングで話すと、参加されていたドイツ・ベルリンで脱原発アクションされている方が「ベルリンにほしい」という展開になり、はい、ベルリン行き決定です！

「ニュークリア・ホットシート」でインタビューしてくださったビヴァリー(Beverly)さんと話していて、いくつも思いつくことがあって、ビヴァリーさんも「それはいい！」とノッてくださって、ふたつの企画が生まれました。これからゆっくり育てていきたいと思います。

せっかくインターネットという超・超・超便利な道具があるのですから、外へ外へと発信して、つながっていくと、何かが始まっていきます。何かが動き出します。「ニュークリア・ホットシート」のリビー・ハリビーさんや、ビヴァリー&ユージン・カネコさん、「JANUK」の方々、キャサリン・ハムネットさんや、ベルリンの方々……。

「どうしてもどうしても、原子力、もう卒業しなければ」……と願う人たちは強くつながっていきます。

ここで募集させてください。英語のできる方ぁ～、集会などに参加してその集会の「あらまし」を2～3分の英語で話していただけませんか？　お手伝いくださいませんか？　ネイティブじゃなくていいのです。発音だってジャパニーズ・アクセントでいいのです。文法だって適当でいいのです。気楽に楽しんでやってくださる方、ご連絡くださいませ。

そしてぜひ、3月28日土曜日にある「さようなら原発1000万人アクション」に参加してください。

（2015年2月18日）

次から次へと伝えたいことが……

大切な友だちが逮捕されたことを知って、足が震えました

朗読劇『The Vagina Monologues／ヴァギナ・モノローグ』の共演者として、北原みのりさんと知り合いました。知り合ってからまだ1年程度ですが、リハーサルの前後にみのりさんの著書『アンアンのセックスできれいになれた？』（朝日新聞出版）を読んで、「性」についてきちんと向き合ったことのない古い自分を自覚しましたし、人生や世界を「みのりさん的視点」で視ることを覚えましたから、ある意味、みのりさんはわたしにとって大切な水先案内人です。

共通の友だち辛淑玉《シンスゴ》さん（スゴちゃん）と美味しいご飯をご一緒して、「これから続けていこうね」と友だち時間が始まった矢先の出来事でした。

逮捕……。なぜ？ どうして？ 今、どこで、どんな人とどうしてるの……。寒くないの？ 着替えは？ 化粧品ゼロ――。

着替え、下着、温かいソックスなど揃えて届けたいとスゴちゃんに言うと「差し入れ禁止」とのこと。「みのりさん、今、どうしてるかしら」と、何度も何度も何度も思いました。読んでくれるはずがないとわかっていても、書かずにいられないメールを送信したりもしました。スゴちゃんが

丸ごと自分のことのように心痛めていることは、わたしにだって痛いほどわかっているのに、「みどちゃん、キタハラは大丈夫、大丈夫っ」と労《いたわ》ってくれました。

「もう、こうなったら、怖がらずみんなで行こう。いい弁護士だけ味方につけて」とスゴちゃんは素敵な声で言いました。「釈放」されたと連絡をもらった時も、足が震えました。

「釈放」されて、どこへ行くの？　誰と？　誰が一緒なの？　何を食べるの？　どこで？

気にしてもどうにもならないのに、気になって仕方がありませんでした。「心配してくれてありがとう」というメールをもらった時も痛々しくて、痛々しくて。

そっとしておくこと、遠くからそっと見守ること、みのりさんの自発的な動きを待つこととして、1週間、10日間、半月、ひと月、ふた月。

ついに、みのりさんが動き始めました。中断されていた『週刊朝日』の連載ページに、担当弁護士さんとの対談が載りました。フェイスブックへも書きこみ始めました。以前にも増して簡潔なみのりさんの文章を読んで、涙がこぼれました。逮捕、拘留、保釈、釈放、国家権力、個人の尊厳……。軟弱でいい加減なわたしでは壊れるだろう恐ろしい経験を、ほんの数分の一かもしれないけれど、仮体験させてくれたこの出来事。あまりに大きなテーマだし、複雑だし、知識がなさすぎるから未整理のままだけれど、ま、急がなくていい。自然と馴染むまで、自分なりの「糸」が見つかるまで仮置きしておこう。

それにしても、素晴らしい弁護士・村木一郎さんが担当してくださって、よかった。ありがとうございます。もし、わたしが、逮捕……され……たら……。考えたくもないけれど、もし、もし、そうなったら、村木一郎さん、よろしくおねがいいたします。

久しぶりに、バラエティー番組に出演しました

心細いわたしを察して、やさしいテリー伊藤さんは手をつないでくれましたし、爆笑問題の太田光さんは30年も前に初めてご一緒した時と変わらず清潔な青年でしたし、ま、充実した楽しい時間でした。

収録が終わってお手洗いに行った時、たくさんの見学者が遠くから手を振ってくれたので、わたしも手を振りお辞儀しました。

7年前に「芸能人」を「やめて」以来、ベースはただのフツーの人で、たまに「女優」の仕事をする暮らしを気に入っていますし馴染んでいますので、手を振ってくれた女の子たちについお辞儀してしまったのでした(笑)。

できる限りの抵抗として、紺のジャケットの下に「WORLDWIDE NUCLEAR BAN NOW」と書かれた、キャサリン・ハムネットが作ってくれたSサイズのTシャツを着ました。オンエアーを見ていただけたら、きっとTシャツがわかっていただけると思います。

放送は、3月20日(金)19時から、TBS「爆報! THE フライデー」です。わたしの愛車のイセッタ(Isetta)もライリー9(Riley 9)も登場しますので、わたしとしては「録画して永久保存」です。

小出裕章さんと対談させていただいた本が出ます

ラジオフォーラム×小出裕章『ラジオは真実を報道できるか――市民が支える「ラジオフォーラム」の挑戦』（岩波書店）。

『ラジオは真実を報道できるか』で小出さんと対談。

事実・真実を伝えることが困難になってきている今、情報の送り手の問題、受け取り手の問題をゆっくり考えるきっかけになると思います。今は、非常時。一人ひとりができることは何で、できないことは何なのか。それはなぜ、できないのか。7人の清潔なジャーナリストと、そして、小出裕章さんが文を書かれています。わたしは「ちょっと休憩」といった感じの気楽な対談でした。「ラジオフォーラム」、この健気なメディアを存続させてください。ぜひ、本も読んでみてください。

「DON'T FORGET FUKUSHIMA」を設置してきました

本年初めの脱原発アクションは、経産省前テントひろばでの「新春記者会見」でした。この時の経過はこのコラムでも書きました（52ページ、「「Don't forget FUKUSHIMA」を世界へ」）。

この英語バナーを製作してくださった真島辰也さんと経産省前で待ち合

われら英語バナーの設置。

わせて、設置してきました。準備のいい、腕のいい、人柄のいい、ハンサムさんの真島辰也さん。これはお世話になったからのお世辞なんかでなく、ほんとのことなんです。って、これを読んだら、きっと、マジさんは恥ずかしがって読まなかったことにすると思うけれど。で、なんと、マジさんは98%仕上げて持って来てくれました。きちんとフレームに収まっていて「ハト目打ち」してあるので、ただ、それを決まった位置に取り付けるだけ。

長いことここのテントの「看板類」係を担ってきた玉中恭子さんは、「さすが、プロよねぇ〜〜」とそのスピードとカッコいい出来栄えをよろこんでくださいました。設置完了までにかかった時間、12分！補修用に各色テープなどの素材をプレゼント。腕に抱えて、玉中さん、ホロホロ笑っています。うれしそうでかわいいです。

わたし思うんですけれど、こういう誰がほめなくてもコツコツコツコツ動いている方は、みなさん、共通してかわいいのです。

時間があるので、お隣のバナーのほつれも修繕。すると、通りかかった外国人男女おふたりが足を止め、バナーの写真を撮っていきました。ホラっ、もう、英語バナーの効果ありっ！

材料が余るとわかり急遽、同じバナーをもう1枚作ったので、それをベルリンの脱原発グループ

「Sayonara-Nukes-Berlin」の3月7日のデモに間に合うよう、さきほど送りました。お揃いのバナー「DON'T FORGET FUKUSHIMA」が、ベルリンのブランデンブルク門に登場します。

ここのところ連日起きている辺野古での現実を知れば知るほど、この国のやり方に怒りがわきますが、それをエネルギーにして、できることをジリジリジリジリ続けていきましょう。

Let's march!

（２０１５年2月25日）

3月はニューデリーで始まりました

犬が吠える騒がしさで目が醒めました。

今、インド、ニューデリーのホテルです。

3匹、いや5匹くらい？　吠え声が重なったり重ならなかったり。雨降りの様子を見ている時や、雲の形を飛行機の窓に顔をぴったりくっつけて覗いている時と同じように、自然の成り行きはとても魅力的です。

リズムや色の調子、その形、トーン、ニュアンス、およそすべてが自然なもので、人間が作ったものではありません。常に先の展開が読めない。今の目の前のすべてが「今の現実」で、それはすぐに「過去の現実」となり、次の瞬間、また、「今の現実」を迎える。この繰り返し。

ニューデリーのホテルで。

「犬の遠吠えもそうだな……」。まだまだ暗い窓外の遠くの様子をただ静かに横たわって聴いています。

こんな時間が大切です。ひとり身を置いてじっとしている、こういう時間が大切です。寄せては返す波の繰り返し、時間の流れを形で見るかのように静かに燃える炎、モーツァルトもバッハも自分の音楽にした雨の音、日が暮れていく時、夜が明けていく時の空。

それは、死んでしまった人を感じさせてもらえる特殊な時間でもあります。母や父、ヤーちゃんノブちゃん、シスター・ヨハンナ、モトキさん……。今を生きてはいるけれど会えないあの人この人……。懐かしさに、恋しさに、鼻の奥がツンとしてきます。と、遠くから幽《かす》かに聴こえてきました。コーラン。時計で確かめた今の時間、ＡＭ５時29分。そう異国にいるのでした。

日常の暮らしから十数時間移動すれば得られる安らぎが、心や精神の歪みをきちっと元の組み立てに戻してくれる。旅は必要です。

経産省前テントひろばに設置した英語バナー「DON'T FORGET FUKUSHIMA」が強制撤去されそうだと緊急メールをもらい憤慨しています。福島の常磐自動車道が3月1日に開通したというニュースにも怒りでいっぱいです。

書きたいことが伝えたいことが今週もいっぱいです。

英語バナー、すっかり馴染んで活躍中です。これを勝手に撤去なんかしてほしくない。まして、取り壊しなんて、どうか、しないでください。

小出裕章さん、最後のゼミ

さかのぼって2月末の話になりますが、京都大学原子炉実験所内で開催されてきた「原子力安全問題ゼミ」について。その第111回目は、3月末で定年退職される小出裕章さんの最後のゼミということで、参加希望者が集中し、昨年末にはすでに予約でいっぱいだったそうです。幸いなことにIWJ(Independent Web Journal)が中継してくれたので、その全部を見ることができました。「熊取《くまとり》六人組」の今中哲二さん司会で進行。

もしあなたがまだIWJの会員でないとしたら、ぜひ、会員になってください。たくさんの人の支援がなければ、IWJは潰れます。先日、IWJの岩上安身《やすみ》さんが過労で倒れました。危機です。本当のことを伝えてくれるIWJを大切にしたいと思います。

同じく「熊取六人組」で先輩の川野眞治さんのお話も、今中哲二さんのお話も、やさしい気にあふれたもので、やさしい時間が流れていきました。後半で、参加者から素晴らしい発言がありました。

「わたしたちみんな、小出さんにおんぶに抱っこはやめましょう。小出さんのお話を聞いた人がそれぞれ「小出さん」になって、自分で考えて、自分のできることをそれぞれがそれぞれの場でしていけばいい……」

そうおっしゃった方の言葉を聞いていた小出さんのお顔がやさしく微笑んだ瞬間、涙がこぼれそうになりました。いつもいつも人の胸を打つ小出裕章さんです。4月からは「仙人になります」って。

事故からのこの4年間、たくさんの人々からの求めに応じて、ご自分の週末や祝日に講演や対談に出かけ、身を削るように過ごしていらした小出さん。退職後、新たな職に就くことはしないそうで、「少しずつ退きたい」「自分だけしかしない、自分にしかできないこと」をしていきたいと、そうおっしゃっていました。

クマー・サンダラムさんと。

そして、3月1日に、成田からインドのニューデリーへ。ニューデリーでの自由な時間に、できれば「脱原発」の人とつながりたいと思って、どなたかご存知でしたら教えてとロンドン在住の友人ディーン玲子さんとニューヨーク在住のタナカ有美さんにメールしたところ、2時間後になんと同じ人物を紹介されました。CNDP(Coalition for Nuclear Disarmament and Peace)のクマー・サンダラム(Kumar Sundaram)さん。早速、会ってきました。

昔から知っている人のように感じてしまう不思議さ。インドの原発事情をたくさん教えてくれました。クマーさんは、3月9日に来日して、東京・福島・東京・沖縄・東京という滞在予定。もしかすると、3月28日の「フクシマを忘れない！ さようなら原発大講演会」@新宿文化センター・大ホールにゲスト参加してくださるかも！

急ぎ足の報告なので雑駁《ざっぱく》な書き方、大目にみてやってください。

ニューデリーからでした。

（2015年3月4日）

「核廃絶」への思いはつながっていく

驚いてください。また、英語でスピーチしちゃいました（笑）。

英国ロンドンの日本大使館前での英語スピーチは、コラムの第1回に書きました（16ページ、「9月1日はわたしにとって特別な記念日」）。

インド・ニューデリーで2日間自由時間があったので、脱原発活動の中心人物を紹介してもらい、会ってきました。そのクマー・サンダラムさんと会ってお話しする中で、3月8日が「International Women's Day（国際女性デー）」であり、11日が「4th Anniversary of FUKUSHIMA（福島第一原発事故から4年の日）」でもあるので、メッセージを伝えてくださいと言われ、急遽足りない頭をひねって英作文しました。もちろん、いい加減な英語ですから、クマーさんに直してもらい、こういうことになりましたのです。またもや英語でスピーチしてしまいました。

ほんとに怖いもの知らずだと自分でも呆れます。「脱原発」「核廃絶」のためなら自分にできることは何でもやろう、怖がらず恥ずかしがらずと決めてから、心がピタッとブレなくなったので、自然とできてしまいます。

死んじゃった父や母が今のわたしを見たら、きっと驚きます。あのぼんやりみどりが、いつもボーッとしてる子がどうしてこうなるの⁉ って。

あのね、お父さんお母さん、少しでも役に立つならわたし、何語でも話します。

あの英語バナー「DON'T FORGET FUKUSHIMA」がベルリンにも登場しました。

経産省前テントひろばに、英語バナーを作ったことは、以前、コラムに書きました(68ページ、「次から次へと伝えたいことが……」)。

「2枚作ったうちの1枚を、ロンドンの脱原発グループ「JAN UK」に差し上げます」と、若竹綾子さん(元小金井市議会議員)たちとスカイプ・ミーティングで話していたら、ちょうど、そこにいらしたドイツ・ベルリンの脱原発グループ「Sayonara-Nukes-Berlin」のロッコ(Rocco)さんが3月7日のベルリンでのデモに使いたいと提案されて、即、決定。

わたし、すぐに送りました。届きましたと連絡をもらって、デモに使ってくださいました。そのデモの様子を、8日朝に知りました。

なんと、NHKニュースに載っています！ デモの先頭を飾っています。まるで親戚の晴れ姿を見るような気持ちでじぃぃんとしました。経産省前テントひろばのものとお揃いです。
核廃絶するまで自分のできることを、ジリジリとジリジリと。

3月3、4、5日と3日続けてニューデリーでご一緒していたクマーさんが来日。9日、雨の上野で再会しました。といっても間がたったの3日間。まるで急激に恋をした人と再会してるかのような展開で、「ご縁があるのね」「前から決まってたみたいな展開だね」と本人同士も呆れました(笑)。「縁って英語で何て言うの?」「うう~ん、destinyかな……」って。

NHKニュースで紹介。「原発事故から4年 ドイツで反原発デモ」。

クマーさんを訪ねてカフェに現れた方に、これまた、ビックリ! 福永正明さん、ブータン王国が提唱した国民総幸福量(GNH)の理念を生かす日本GNH学会の副会長・理事さんです。どういうわけか、わたしもこの日本GNH学会の理事なので、19日の総会でお会いする予定なのでした。

福永さんはヒンズー語も英語も堪能で「アジア」

に関する専門家です。だからお話がおもしろくておもしろくて、知りたがり屋のわたしは好奇心と探究心の塊となり、メモメモメモしていました。

3月10日夜の生トーク＠新宿ロフトプラスワン。「福島原発事故から4年……欺瞞だらけの原発再稼動計画と、懲りない原子力ムラの内情とは？」という長いタイトルのイベントに参加しました。外は超・超・超寒い晩でした。

今西憲之さん司会でアーサー・ビナードさん、木野龍逸《りゅういち》さん、畠山理仁《みちよし》さんと。ビールやワインを飲みながら鳥の唐揚げつまみながらのトークは初めて！　なんだかお行儀悪いというブレーキがかかってしまうわたしは、飲めるけれども食べることはできませんでした。カッコいいんだか悪いんだか、古い女なんだと自覚。

米国の反原発サイト「ニュークリア・ホットシート」のＦＵＫＵＳＨＩＭＡ特集で電話インタビューされ、英語に吹き替えられて載りました。

3月12日に、双葉町のあの看板「原子力明るい未来のエネルギー」を撤去する計画を知りました。この標語の作者、大沼勇治さんが誘ってくださって帰還困難区域に入ったことがあり、わたしもこの看板の前で写真を撮ってもらいました（28ページ）。

世界の人に知ってもらうためには英語表記が大切と、英国人と米国人、ふたりのネイティブに考えてもらって、それを書いた紙を掲げた大沼さんの写真も評判になりました。

この看板を撤去だなんて！　国も東電も事故の責任をうやむやにしたいがために、なりふり構わずなんでも仕掛けてきます。この看板は「過ち」を認めて心に刻むために、後世に残すべき負の遺産です。

ナチス・ドイツによるアウシュビッツ強制収容所の有名なアーチと同じです。このアーチには「ARBEIT MACHT FREI」という言葉が。意味は「働けば自由になる」。しかし、ここをくぐったら最後、もう二度と生きては出られなかった。

アウシュビッツ強制収容所に掲げられた「ARBEIT MACHT FREI」のアーチ。

この写真を載せるに際して前から気になっていたことを調べて、びっくりしました。それは、こういうことです。

この言葉はロレンツ・ディーフェンバッハの小説の題で、1933年に政権を獲得したナチス政権が強制収容所に使うようになり、たくさんあった収容所入り口にはこの言葉が掲げられました。問題は、写真のアウシュビッツ強制収容所のアーチにある「ARBEIT」の「B」の文字。逆さなのです。わかります？

一説によると、この門を作らされた囚人の抵抗の証とのことです。

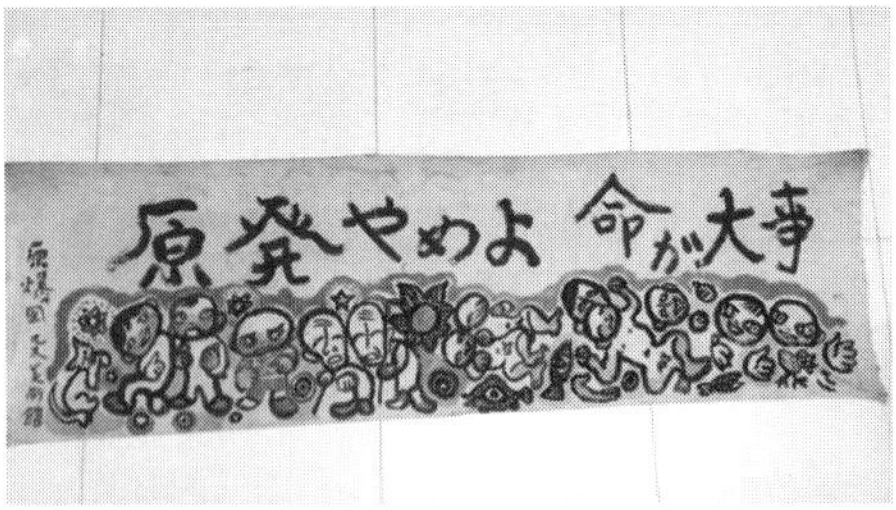

丸木美術館の１階に掲げられている布。

他の収容所のアーチは逆さではなく、このアウシュビッツ強制収容所だけなのだそうです。

できる抵抗をした人々の思いが、少しですが感じられるように思います。こうしてアーチそのものが残されていればこそ「そこに確かにいた人たち」のことを感じることができるのです。福島も、この大切なもの、なんとかして強制撤去を阻止したいものです。

丸木美術館に行ってきました。

丸木位里《いり》・丸木俊《とし》さんご夫妻の「原爆の図」。ずっと以前から行きたい、一度は行ってみたいと思いつつ行けなかった美術館。だって、行きにくいのです。池袋から東武東上線で1時間。最寄りの森林公園駅からは、時刻表を見てバスに乗るか、タクシーだと12分、歩くと50分の距離です。わたしは東京から車を運転して行きました。ドキュメンタリー映画『ショージとタカオ』の監督・井手洋子さんと行ったので、往復の約4時間、いろんな話ができて充実でした。

井手さんは、この2年、諫早《いさはや》湾を記録しています。どういう映像作品になるかとても楽しみです。

丸木美術館の1階奥にある布に手書きのバナー「原発やめよ 命が大事」。デモ行進でよく使われるこのフレーズは、丸木俊さんの言葉だったのです。被爆70年の今、なんとしても核廃絶したいという方々の思いが結集して、この6月に「原爆の図」が、米国ワシントンのアメリカン大学を皮切りに、幾つかの都市を巡回するそうです。米国で初めて展示される「原爆の図」。会場の人々の反応を記録してほしいですね。

3月28日、「さようなら原発1000万人アクション」の集会があります。大江健三郎さん、落合恵子さん、鎌田慧さんが講演してくださいます。京都大学原子炉実験所の今中哲二さんも講演してくださいます。新宿文化センター・大ホールです。ぜひ、いらしてください。

今回もたくさん書いてしまいました。「みどりさんは働きすぎです」と言われました。「すこしは休みなさい」とも。でもね、非常時なのです。世の中がどんどん取り返しがつかない方向へ、ほんとに転がり落ちて行っている。できることをしなければ。

でも、やさしい言葉をかけていただけてうれしかったです。時々はゆっくり休みます。ありがとうございました。

あっ、もう、ひとつ。気楽な話題を。3月20日19時から、わたしが出演したTBS系「爆報！THE フライデー」が放送されます。「芸能人」の木内みどり、久しぶりです。見てやってください。

（2015年3月18日）

だからこそおもしろい、生きているこの時間

3月28日の集会「フクシマを忘れない！　さようなら原発大講演会」で司会をしてきました。「充実」の集会でした。

まずは呼びかけ人の鎌田慧さんからご挨拶。福島現地からの現状報告としていわき市議会議員の佐藤和良さんのお話。そして、大江健三郎さんの講演。とてもとても素晴らしい講演でした。

続いて、京都大学原子炉実験所の今中哲二さんの講演。今中さんは、「原子力ムラ」に与《くみ》しない原子力の専門家「異端の熊取六人組」のおひとりですが、一昨年の夏、この会でも講演してくださった京都大学原子炉実験所の小出裕章さんがこの3月いっぱいで定年退職されましたので、残るは今中哲二さんだけ。その最後のおひとりはこの日、やさしい穏やかな声で厳しい現状を解説してくださいました。

さらに続いて、今回は参加できなかった澤地久枝さんから届いた文章をわたしが朗読しました。声にして読むと澤地さんの「本気」が伝わって胸に響きます。最後の方に全文、載せておきますので読んでみてください。できれば声に出して音読されることをお勧めします。

ここからこの集会では初めての試み、「キウチさんのパフォーマンスの時間」と呼ばれる時間に

なりました。わたしの提案が受け入れられ、いただけた時間です。

この「さようなら原発1000万人アクション」は運営している人たちが長く「運動」をしている方々なので、よく言えば慣れているプロフェッショナル、悪く言えば古いスタイルの運動とも言えます。わたしは初めて司会をした時から、サインや横断幕に英語表記を入れてくださいとか、始まる前にその日の裏方からみんなが顔を合わせて、誰が何の係か理解し合って補い合って楽しい時間にしましょうとか、わたしなりに不満なことを正直にお話ししてきました。

が、回を重ねてもひとつも実現せず、いつまでたっても誰が主催者か、誰が中心なのかもわからないまま続いてきたのでした。正直なところ、こういう集会じゃ何回重ねても効果がないんじゃないかと、もっと熱のあるものでなければとわたしの不満は募っていきました。

今年初めの1月24日、池袋・豊島公会堂・ホールでの集会「川内・高浜原発を再稼働させない！東京集会&デモ」でわたしの不満はあふれてしまいました。「さようなら原発1000万人アクション」呼びかけ人9名のうち、参加されたのは鎌田慧さんのみ。

お話しくださったのは「川内原発増設反対鹿児島県共闘会議事務局長」野呂正和さんと「原子力発電に反対する福井県民会議事務局長」宮下正一さん。ゲストは佐高信《まこと》さんおひとり。盛り上げようとしなくていい、こなせばいいだけとばかりの魅力のなさに〝憤慨〟でした。

いつだって司会進行の台本はありません。何百人も時には2000人も集まる集会なのに、台本がないのです。司会者としては、事前にいろんなことを調べた内容ある「弾」をいくつもいくつも持っていなければ人前に立つことなんてできません。だから自分で用意します。

この日も機嫌よく進行できるように話せる「弾」をいくつも用意していきました。集会の後、デモ行進が予定されていましたが、わたしは反対でした。

だって、金曜日の夜です。友だちとの食事会や仲間の集まりなど様々な人々が様々な状況で金曜日の夜を過ごしている池袋西口界隈を、暗い中、拡声器を使って大音響で「再稼働、反対っ！」「アベ政治を許さないっ！」って叫ばれても迷惑だと思うのです。効果ないどころか逆効果だと思うのです。

会が始まる前に勇気を出してそう伝えたのですが、場が白けました。冷たい空気が流れました。なので、この日わたしは司会はしましたがデモには参加せず帰りました。

こんな経過があっての今回の集会です。司会を引き受けフライヤーに名前も載っているのですから、逃げるわけにはいきません。ですから何度も掛け合いました。いろんな提案をしました。いろんな都合で中身の紹介ができなかったけれど、以下の人たちからメッセージもいただいていました。

鳩山由紀夫・元首相、三宅洋平さん、インド・ニューデリー脱原発グループの代表クマー・サンダラムさん、ニュークリア・ホットシートのリビー・ハリビーさん。台湾にお住まいで日本での原発反対運動を生ぬるく感じているという女性からは布バナーを託されました。これも掛け合って司会者演台に巻き付けました。

英語表記を入れてくださいという提案も実現しました。ま、写真で見ていただければわかるようにとってつけたような英語表記ですが（笑）。

こういった提案を受け入れてくださらないなら、今回限りでわたしは去りますと伝えたところ、「キウチさんのパフォーマンス」といって時間をくださいました。

「ＮＯ☢（原発マーク）」を友人・真島辰也さんとつくり、これを参加者全員に配り掲げてもらって写真を撮ることも実現しました。

二色刷りは予算オーバーだから一色刷りになったそうでがっかりしましたが、でも全員が掲げるとこの白黒、壮観でした。会場のみなさんが掲げてくださった。大江健三郎さん、落合恵子さん、鎌田慧さん、今中哲二さん、みなさん掲げてくださった。

カメラマンさんたちにステージに上がってもらい登壇者入れ込みの会場全員の写真を撮ってもらいました。そうしているうちに会場から声が上がり始めましたので、自然にわたしがシュプレヒコールをリードしていきました。

台湾に住む女性から託された布バナーに英語表記も入れ、司会者演台に巻き付けました。

「再稼働　反対っ！」と言って「再稼働　反対っ！」、「子どもを守れっ！」「子どもを守れっ！」、「大人が守れっ！」「大人が守れっ！」、「安倍は退陣っ！」「安倍は退陣っ！」。何度も繰り返しました。みなさんノッてきて参加者１４００人がひとつになっていきました。

大江健三郎さんも大きな声で言ってくださった。何回かこ

参加者全員で「NO☢」。

の集会でご一緒してきましたが、大江さんはいつも講演されるだけで、デモで歩いても声を上げることはされません。でもこの時は大きな声を上げてくださった。落合恵子さんも今中哲二さんも鎌田慧さんも。メッセージを前に掲げ、声を出すことでみんなが積極的になり、前に前にエネルギーがあふれて、拍手が大きく大きくなって会場がひとつになりました。再稼働、反対っ！

終了後、興奮気味の方から「もっと叫びたかった」「盛り上がったね！」などたくさんの感想をいただきました。高揚した渦の中にいて、わたしは冷静な心で「めげずに言い張ってよかった」と感じていました。

いい集会でした。が、問題はまだまだ多々あります。この集会、年配の参加者ばかりで若い人がいません。20代の人も30代の人も見当たらず学生さんなど皆無です。いつもいつも参加してくださる方々でなく、こういう会場に来ない人々、無関心・無自覚の大多数の人々に来てもらうためにはもっともっと工夫が必要です。

仕掛けが必要です。なにより「発熱している」人が必要です。わたしは単なる司会者ですから、この会の運営になにひとつ義務も権利もありません。次なる集会、5月3日の3万人集会、司会を頼まれ引き受けていますが、わたしの想いは乱れています。

本気なのです。今現在、日本列島のどの原子炉も動いていません。冷え切ったままです。このまま二度とスイッチを入れないために自分のできることは何か、何なのか、周りをしっかり把握してしっかりと決めたいと思っています。

だって、人生は一回きり。どなたさまも裸で生まれて死んでいきます。必ず死にます。いつかは焼かれて灰になる。明白なことです。

だからこそおもしろい、生きているこの時間。充分に生きていきましょうって、なんだか大袈裟《おおげさ》な物言いになっていますね(笑)。

今、深夜というか夜明け前のAM4時17分。早いフライトでミャンマーに行きます。

みなさま、どなたさまも、お元気で〜〜。

〈澤地久枝さんからのメッセージ〉

寒い日がつづいて、福島の現地はきびしい日々と思います。わたしは旅に出てカゼをひきました。今日は、欠席します。

原発反対は、日本がとるべき基本の方向です。揺れつづける日本列島に一基の原発もつくってはならなかったのです。

この4年間、原発は動いていません。日本中でひと晩でも停電したことがあるか、よく考えてみる必要があります。原発ゼロでわたしたちはやって来ています。

原発が必要という意見は、そこで動く大きな金額、たとえ1パーセントであってもそこから利益を得ようとするヒトたちのためのものです。

「小さな国」になることをわたしは望みます。経済大国という考えの上に原発があったのです。

福島の原発事故は、世界にむかっての「予言」だったと思います。「広島」「長崎」を経験したこの島で、2011年に原発が爆発したことは、「人類に対する予言」でした。

原発の危険性との共存などのぞみません。

生活はかえられるべきです。世界のなかで、原発ゼロで人間的いとなみが可能であることの証明を、わたしたちは示してゆきたいと思います。


（2015年4月10日）

あなたはひとりではない

タイとミャンマーの国境の中央、どこの国でもない地点に立って
(2015年4月、来島真一さん撮影)

2015年4~6月

ラフ族の弟ができた！

知らない文字を見て知らない言葉を聞いて知らないところを歩く、こういう時間が好きです。たくさんの方々が訪れる観光地には、ほぼ興味がなく、ガイドブックで紹介されているところはむしろ避けてしまいます。

これまで、たくさんの国に行きました。去年の暮れ、いったい何カ国に行ったんだろうと数えたことがあります。「きっと、30は超すだろうな……」と思いつつ書き出してみたらなんと「54カ国」。前回のコラム（84ページ、「だからこそおもしろい、生きているこの時間」）の終わりに「早いフライトでミャンマーに行きます」と書きました。そう、行ってきましたミャンマーに。わたしにとって「55カ国目」の国です。辺境好き、秘境好き、未開地好きですから、昔からミャンマー近辺の国には憧れがありました。まだ行ったことがない、ベトナム、カンボジア、ラオス、マレーシア、バングラデシュ、中国の雲南省や昆明も行きたいところです。が、政治的に不安定な要素があるところは素人のひとり旅などできません。

このコラムにも書きましたパレスチナ旅行もそうだったのですが（35ページ、「〝心の故郷〟に行ってきました」)、今回も「大地を守る会」の藤田和芳社長と社員さん3人、それに顧問でタイ・ミャンマーに詳しい農学者の小松光一さんの出張ツアーに交ぜていただいて実現しました。

4月8日から17日までの旅。タイのバンコク(泊)から国内線でチェンマイへ、そこからは全てバス移動でメーサイ(泊)からミャンマーに入国。タチレイ～チェントゥ(泊・泊・泊)へ。来た道を戻ってタチレイからタイのメーサイ～ロー・チョー村(泊)～ウィンパパオ(泊)～チェンマイ(泊)、そして国内線でバンコクに行き、東京へ。

と、ここまで読んでくださっているあなたが辺境好きなら、興味が湧いてきたことでしょうし、辺鄙《へんぴ》なところは苦手、わざわざ行く気にはならないって方は興味を失ったことでしょう(笑)。

今回は、辺境好きなわたしのようにおへそが曲がってる方に向けて書いてみます。

バンコクの下町、カオサンロード。夜のバザールで糸のブレスレットをその場で編み込む女性に驚嘆。多くの人は自分の名前を編んでもらうようですが、わたしはイタリア語の諺《ことわざ》を編んでもらいました。「Vivi e lascia vivere」。「好きなように生きなさい」といった意味です。

タイとミャンマーの国境、ここではサーイ川がその境界線です。入国・出国は同じポイントでないといけません。それを徹底させるためか、パスポートは預けるのです。コピーを取り写真も撮って入国手続き。入国書類に記入する「Flight No.」の欄。普通ここには「JAL123」とかって飛行機の便名を書くのですが、歩いて入国するので「walk」と書きます(笑)。

カオサンロードはカオスです。昆虫の揚げ物スナックに驚き！ カブトムシ、サソリ、赤ちゃん蛙、なんかの蛹や虫。きゃあきゃあ言って写真だけ撮って買わない人が多いから、「PHOTO 100B（バーツ）」のサイン。はい、もちろん100バーツを払って撮らせてもらいました。

一年で一番賑やかな「お正月」の買い物で大混雑している市場で、アウンサンスーチーさんの写真が載ったカレンダーを見つけました。

今現在も軍事政権のミャンマーです。厳しい規制があるのでしょうか、アウンサンスーチーさんの写真はここでしか見ませんでした。ガイドをしてくれた方と話していたら彼はアウンサンスーチーさんのことを評価していないので意外に思い、いろいろと教えてもらいました。

アウンサンスーチーさんは長年の自宅軟禁から２０１０年11月に解放され、２０１１年に新政権が発足してから政府との対話が進み、２０１２年４月からは国民民主連盟（ＮＬＤ）の党首として政治活動をしています。１９９１年のノーベル平和賞受賞以来、圧政と戦うシンボルとして世界中で評価が高いのだけれど、２０１１年３月の新政権発足前に、軍部のトップからの「わたしたちの身の安全はどうなるか」という問いかけに、スーチーさんは「国民の判断に任せます」と言ったそうで、国民の判断じゃ自分たちの身が危険だと感じた軍部が巧妙にスーチーさんをシンボルとしただけ。実際は、以前と変わらず軍部が実権を握り、過去とさして変わりはない。「わたしがお守りします」と発言すれば完全に民主化できたはずなのに、その最大のチャンスを逃した……と。

彼女はインドのデリー大学、英国のオックスフォード大学を卒業、英国人と結婚。「だからミャンマー人のほんとうの苦しみがわかっていないし、お嬢さんだから政治の駆け引きがわかってないんだ……」と彼は言いました。

現在も厳しい規制の中で、たくさんの不満を抱えて暮らしている苦悩を感じました。複雑……。

さて、いよいよ旅の目的地です。「大地を守る会」が支援しているラフ族の農場をいくつか見学、チェントゥではセミナーハウスの開所式に参加。式後にご飯が振る舞われることもあり、多くの少数民族の人々が集まりました。ラフ族、アカ族、カレン族、モン族、150名くらい。

チェントゥでのセミナーハウスの開所式。

翌日、夕食に招待されました。池のそばで、他に民家もなく静か。

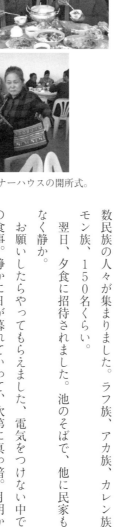

お願いしたらやってもらえました、電気をつけない中での食事。静かに日が暮れていって、次第に真っ暗。月明かりの真っ暗闇に、ローソクを1本だけ灯して。風の音、時にパラつく雨音の中でみんな、小さな繊細な声でおしゃべり。「暗闇治療」@ミャンマー。素敵な時間でした。

そこから先はラフ族のみが暮らすLaw Caw Village。ロ

『クリヤーの山』に掲載されているページを指差すカドゥイくんとナヘさん。

ー・チョーと読みます。

道の右手も左手もどちらも崖になっていて、尾根にある村。最近はテレビを持っている人もいるので、パラボラアンテナが目に付きます。「変わったよね」「すごい変化だね」と何回か訪れている藤田さん、小松さんです。

辺境に強い頼れるみなさんに交じってわたしは紅一点なので、ずいぶんうれしい時を味わいました。この村の家に泊めていただいた晩は、ちょっと、心のギヤチェンジを3回くらいしました。眠る部屋に25センチくらいのトカゲのような動物「トッケイ」がいて鳴くのです。人間が怖いからそばには来ないというものの、同じ空間のすぐそこにいるのです！

それに、トイレ。外にあって夜は真っ暗だから懐中電灯を持っていきます。トタン板のドアが閉まりませんし、鍵はありません！　最悪の場合に、と用意していった「紙おむつ」を生まれてはじめて使用しました。買いに行った時は、いろんな種類があること、よくできていることに感動しました。いつの日にかいずれお世話になるのだから経験しておこう、と持参したのが役立ちました。これで夜中のお手洗い問題は解決です。

食事は常に一汁一菜、プロパンガスのコンロひとつきりで料理します。食事を用意してくれてやさしくもてなしてくれたナヘ(Naheh)さん。貧しい暮らしの中で身寄りのない子どもを4人も育てている立派な女性です。学校に行かせてあげる余裕がないと淋しそうに言いました。写真（前ページ）は息子のカドゥイ（Cadui）くんと。１９９８年発行の小松光一さんの本『クリヤーの山——タイ・山岳少数民族の暮らし』（農山漁村文化協会）に出ているふたりの写真、ナヘさんが息子を負ぶっているのを指差してもらって撮りました。

ダイエ・サエリ（Dye Saelie）さんは「現在、52歳だと思う」と言います。お父さんがラフ族５０００人を引き連れ、迫害・差別され続けた中国との国境付近から、逃げて逃げてやっと定住したのが今の村で、お父さんの名前がついて「Law Caw Village」。逃げ延びる時の苦痛から逃れるように阿片《アヘン》に溺《おぼ》れたふたりのお兄さんは、身体も心も壊れて、今、生きてはいるものの、もはや通常の生活を送れない様子だそうです。念願叶ってタイ国籍がとれた時に、係官がひとりずつタイ人としての名前を命名して登録。誕生日はまとめて全員、1月1日生まれにされたんだそうで、その日付によると、今、52歳。

ダイエ・サエリさん。お父さんがロー・チョーさんで、村の名前になっています（市川泰仙さん撮影）。

ラフ族は、現在、世界中に１００万人（中国に72万人、タイに10万人、ミャンマーに15万人、ベトナムに1万人、米国に1万人、その他1万人）。その全員が所属する「ラフ国」を作るのがダイエさんの夢です。日本で2年農業を学んだので、日本語が上手です。ツアーのコーディネート&ガイドですから忙しいダイエさんですが、ひまわりの種をかじりながらおしゃべりしたその晩、ひと部屋に集まってみんなで飲み会をしている時、突

「藤田くん、両手を挙げて」。

然「みどりお姉ちゃん」と言って笑いました。壮絶な人生を送ってきた人ですが無垢でかわいい人です。

まだまだ書きたいこと、知ってほしいことが次から次へと出てきますが、読むのに疲れたでしょうから、このへんでおしまいにします。

あっ、ひとつ、おまけです。

吊り橋の上で両手を挙げているのが「大地を守る会」会長の藤田和芳さん。「100万人のキャンドルナイト」呼びかけ人代表で『ニューズウィーク』の「世界を変える社会起業家100人」のひとりに選ばれ、他に肩書きがいくつもある立派な方ですが、ひとつも威張りません。この時は短パンにビーチサンダルで吊り橋を渡ってる姿が小学生の男の子のようだったので、思わず「藤田くん、両手を挙げて」と言って撮りました。素直な方なのです。

いくつになっても、どんな立場になっても、柔らかい心でいる秘訣を今度、藤田さんに聞いておきますね。

旅の全てを仕切ってくださった豊島洋さんに感謝！　また、連れてってくださいまし。

旅好きなわたし。あはは、明後日1泊3日で、マレーシアに行ってきます。呆れました？（笑）

（2015年4月22日）

人間の鎖

「人間の鎖」、ご存知でしょうか。

1989年8月23日、およそ200万の人々が手をつなぎました。200万人の人と人が手と手をつないだその長さ、640キロメートル。リトアニアの首都ヴィリニュスからラトビアの首都リーガ、そこからさらに国境を越えてエストニアの首都タリンまで。

支配されてきたソビエト連邦からの独立を訴えて、願って、祈って。人間の鎖は確かに、血の通った一本の温かい線としてこの3つの国を貫きました。

写真・動画が残されています。記録映画もあります。

世界が見つめたこの出来事はソビエト連邦を動かしました。それまでの乱暴なやり方では世界が許さないことが明白となり、バルト三国は、後に、独立を勝ち得ました。なにひとつ武器を持たない人間が連帯することで勝利したのでした。

日本リトアニア友好協会会長を務める夫・水野誠一が、この15年の働きに対して、リトアニア外務省から勲章を授与されることになり、わたしは連れとして同行しました。3回目のリトアニア。公式訪問でしたから、ヴィリニュス市内の外務省・文部省・経済省、カウナス市の杉原千畝《ちうね》記念館、クライペダ市庁舎、そして日本大使館と、経験したことがない公の空間で公の時を過ごしました。

強い印象をうけたのが、ヴィリニュスの新市街にあるKGB博物館と慰霊碑と公園。リトアニアは1940年6月、ソ連の侵攻により独立を失います。その後、ナチス・ドイツに占領され、1944年に再びソ連に編入。この1944年から1952年までリトアニア人はソ連と戦い続けましたが、KGB(ソ連国家保安委員会)の圧倒的な残酷さで、多くのパルチザンとともに一般市民が拷問を受け、殺され、シベリアに強制移動させられたのでした。

博物館では、懲罰房・独房・雑居房・拷問部屋・監視室・通信室と残されていて、中を見学できるようになっていました。時間的にも無理でしたが、こんな恐ろしい建物の中に入る気は毛頭ありませんでした。通りに面した場所に石をたくさん積み上げた慰霊碑があり、そこでしばらく立っていたのですが、女性がひとり、お花を飾っていました。わたしに気づくと「ラシアン、パンパンッ!」と言って右手で自分の頭を撃つ仕草をしました。緊張しました。女性が話しはじめます。

通訳さんによると、ある日突然、KGBが来て家族全員シベリア送りにされたそうです。お父さんがリトアニア軍将校だったことと、お母さんが知識人として有名な人だったことから12歳のお姉さん、9歳のお兄さん、そして2歳だった彼女もシベリアに。苛酷な労働と激烈な環境の下、両親が亡くなり、姉、兄も若くして亡くなり、末娘の彼女だけが生き延びて苦難の連続の人生だと言います。リトアニア各地から届けられた石を積み上げたこの慰霊碑に、毎月お参りし、お花を供えて「ここで、亡くなった家族と話をしてるの」とやさしい顔で言った時、聞いていたわたしの胸は張り裂けそうでした。

1991年、ソ連からの独立を求める抗議が次第に高まり、1月12日(土)の夜から翌13日(日)早朝までの衝突が「血の日曜日」事件となりました。テレビ塔を守ろうと集まっていた民間人の群衆に対して、戦車でやって来たソ連兵士が発砲。少なくとも13人が殺害され、140人が重傷を負いました。この時使われたバリケードや鉄条網、巨大なコンクリ塊(戦車の侵入を妨害するための塊)、旗、壁に描かれた漫画やスローガンなどが、きれいなガラスの建物に覆われて残されています。

いくつもいくつもの単語の意味を教えてもらいました。

LAISVE＝自由、LIETUVA＝リトアニア、LANDSBERGIS＝当時の国家元首・ランズベルギス。このランズベルギスさん、82歳ですが現在も当時のことをお話ししてくれるそうです。

石を積み上げた慰霊碑。

公園の真ん中にはスターリンの像があったそうですが、独立以降はリトアニア国旗が翻っています。ナチスやソビエト連邦を想起させるものは、一切公の場所から追放されています。軍服や軍帽など「軍」につながるものは着てはいけないという法律もあるそうで、迷彩柄もいけません。

過去の恐ろしい時間を風化させないで、事実は事実として残していく。同じ過ちを起こさないために、過去の事実から学ぶために、大切に残していく。

肌寒い午後、重い気持ちでした。移動のバスの席で、福島県双

「血の日曜日」の際、壁に書かれた文字。

ヴィリニュスの公園に立つリトアニア国旗。

葉町の看板撤去の件を思いだしていました。〈原子力明るい未来のエネルギー〉。小学6年生だった大沼勇治さんが考えたこの標語が選ばれて、双葉町の通りに大きな看板として飾られてきました。きっと、どなたも見たことのある看板です（22ページ、「震災から3年半　「帰還困難区域」を訪れて」を参照）。

これを双葉町役場が撤去する予算を計上していることがわかり、大沼さんが立ち上がり、撤去反対運動を展開されています。わたしも小さなお手伝いをしています。古びて危ないからというのがその理由なのですが、おかしな話です。倒壊しそうな気配はありませんし、なにより、立ち入り禁止区域なのです。たとえ倒れたとしても犬・猫さえいない区域、傷つく人は誰ひとりいないのです。撤去するために400万円も使える予算があるなら、補強したらいい。

原発を再稼働させたいがために着々と進められている動きの一環。でも、事実は事実。なかったことにしてはいけない。勝ち目がないことがわかっていながら止めることができなかった戦争。敗北宣言していれば、なかったはずの広島の原爆。翌日にでも敗北宣言していれば、なかったはずの長崎の原爆。世界で初めて恐ろしい原爆の被害を経験しているのに、1966年に東海原子力発電所で始めてしまった原子力発電。

世界一の地震大国なのに、17カ所に43基（3・11以前18カ所54基あったが、2015年までに11基の廃炉が決定）。英語で「Nuclear」、日本語では「核」「原子力」と巧妙に使い分けてきた。

3・11以降、世界は変わりました。放射能汚染からは未来永劫、逃れられません。一旦出てしまった放射能は消えないし無毒化できない。黒や青のバッグに詰めて山積みしても時間の問題で漏れ出してくる。汚染水もあふれ出しっぱなし。もう誤魔化されてはいけない、と思う。騙されてはいけない、と思う。事実は事実。そこから学ばなければ。

5月3日、横浜の大きな公園で「平和といのちと人権を！5・3憲法集会」があり、司会をしました。3万3000人を前に進行を任されている緊張感と充足感は独特でした。

大江健三郎さん、澤地久枝さん、落合恵子さん、鎌田慧さん、雨宮《あめみや》処凛《かりん》さん、香山リカさん、樋口陽一さん。たくさんの方の心に響くスピーチがあり、最後は全員で声を出しました。「憲法を守ろうっ！」「9条を守ろうっ！」「再稼動反対っ！」「子どもを守ろうっ！」「未来を守ろうっ！」「大人が守ろうっ！」。3万3000人の声がひとつになっていきました。ヘリコプターでその様子が空撮された大きな出来事でした。

が、3万3000人です。30万人ではありません。300万人ではありません。バルト三国、3つの国を足した数字よりはるかに多い人口の日本です。もし、300万人が国に対して反対の声を上げたら、もし、3000万人が手をつないで抗議をしたら……。

リトアニアの政治家は、詩人だったり、お医者さんだったり、ピアニスト、作曲家、トランペットプレイヤーだったりします。みなさん若いし生き生きとしています。国民が心をひとつにして訴え・願い・祈って、勝ちとってきた自由を大切に大切にしています。

わたしたちの国、日本が壊れ始めているとたくさんの方が警告しています。心で反対と思っていても黙っていたのでは「賛成」なのです。抗議を表明しなければ「賛成」なのです。何かしら行動しなければ、「賛成」なのです。

日本というこの国を構成している大人のひとりとして、今こそ、自立して抗議の手をつなぎたいと、リトアニアでも「発熱」してしまうわたしなのでした。

（2015年5月27日）

工場見学のおすすめ

今回のコラムは、工場見学のおすすめです。石坂産業は、産業廃棄物を処理する会社。石坂産業の出しているコミュニティ誌『やまゆり倶楽部』の表紙に載せていただき、社長の石坂典子さんと対談させていただきました。

「1999年2月に所沢産の野菜からダイオキシンが検出された事件」を憶えておいででしょう

か。一気に所沢産の野菜が嫌われ、困り果てた野菜農家たちは、報道したテレビ朝日「ニュースステーション」を相手に損害賠償請求訴訟を起こし、民事事件にまで発展していきました。そんなある日・ある時・あるひと言が、事態を全く違う方向へと向かわせました。

「こんなに苦労するのは、ダイオキシンを出している産廃屋のせいだっ！」

産廃屋が出している煙がいけないのだ、と怒りの矛先が変わりました。

「石坂産業はこの町から出て行け」「石坂産業反対」

農家だけでなく周辺住民の怒りも膨れ反対運動が大きくなっていき、石坂産業は窮地に立たされました。石坂典子さんは当時、「営業本部長」。収拾がつかない騒動に日々憔悴《しょうすい》していく社長、つまりお父様とふたりきりで話していて、ふと「この会社を継ぐのはわたししかいない！」と思ったのだそうです。

この時、典子さん、30歳。ここからの彼女の奮闘ぶりは人を惹きつけます。

『やまゆり倶楽部』2015年SPRING特別号

産業廃棄物を扱う会社です。出入りするのは「産業廃棄物」を満載したトラックの運転手さん。そして工場で働く人もほぼ百パーセントが男性。エロ本が散らかり、壁には裸のポスター、タバコの吸殻が捨ててあり、冷蔵庫にはビール。典子さんは、そのひとつずつと格闘していきます。エロ写真、ヌードポスターをなくし、くわえ煙草厳禁、必ずヘルメット着用、休憩室を清潔に改善し……と次から次へとルールを決めていきます。

長く勤めている社員が「こんなんでやってられるかよっ！」と、ヘルメットを投げつけて出て行ったこともあったそうです。辞める人が続出。全体の4割が捨て台詞《ぜりふ》を残して去っていったそうです。けれど、典子さん、へこたれませんでした。

「30歳おためし社長」の期限は1年間、成果がなければ即解任。父に怒鳴られながらも、毎朝8時15分からの「15分の儀式」を一日も休まず10年継続。社員の4割が去っても12年間、一日も休まず続けた「巡回報告指導書」。

典子社長のやり方に興味を持たれた方は、ぜひこの本を。石坂典子『絶体絶命でも世界一愛される会社に変える！——2代目女性社長の号泣戦記』(ダイヤモンド社)。

現在の石坂産業は、一切「焼却」しないで「分別」するのです。徹底的に「分別」。その工程を見学できます。これが、おもしろい！

トラックで運ばれてきてガサっと落とされてから、分別、分別、分別、分別、分別……。分別されたものを、さらなる専門家がまた、分別。

たとえば、水道の蛇口。あのひねる金属の蛇口です。若い方が説明してくれました。コンクリートの床に落としてみて、落ちたときの音で、それがステンレスなのか、そうでないのかがわかるそうです(わたしにはその音の違いがキャッチできませんでしたが)。ステンレスなのか、そうでないかで値段が変わるのです。

そう、ここに運ばれてきた「廃棄物」はすべて「分別」によって「資材」となり、必要とされるところに買われていくのです。工場内は徹底的に「合理的」です。燃やさないから煙突はありません。屋根は透明で自然採光。ほとんどのベルトコンベアや重機は電動です。

微笑ましかったのは、入ったトラックが出て行くとき。透明のビニールに囲まれたゾーンで停車します。横からシャワーのように水が出て、車輪を中心にタンクに溜めた雨水で洗い流します。廃棄物満載の汚いトラックも、石坂産業を出て行くときには車体を洗われすっきりして出て行く。

運ばれてきた産業廃棄物を徹底的に分別。

工場マップにも感動しました。工場の内部全てが記載されているのです。工夫に工夫を重ね、試行錯誤して積み重ねてきた、オリジナルのアイディアや道具などを惜しげもなく公開しているのです。

対談と撮影のために行ったのと別に、再度、工場見学に行きました。興味を持ったところをもっと詳しく時間をかけて知りたかったのです。どの工程のどの場所でも、みなさん礼儀正しく挨拶されるし、ここで働くことにプライドを持っていらっしゃることにも気づきました。みんながみんな、専門家なのです。

「ゴミなんてモノはない、すべてが資材なんだ……」と思いました。

ただ、恐ろしいことにも気がつきました。ここに運ばれてくるのは、40年前のビルとか、30年前の集合住宅とかが解体されたものです。だから、分別を繰り返して「資材」にすることが可能です。が、現在のわたしたちはリサイクル不可能なモノを、自然に還らないモノを作り過ぎました。30年後、40年後、50年後、分別を繰り返してもどうにもならない廃棄物、どうするのでしょうか。

燃えないモノ、溶けないモノ、消えないモノ、分解できないモノ。

いつも同じ結論にたどり着いてしまうのですが、原子力発電なんて無理矢理なものに手を出さないでいたら……。無理矢理な発展や発見を見送っていれば……。

ふうぅと溜め息が出ます。今からでも遅くはない、オリンピック２０２０、中止にならないかしら……。

（２０１５年6月10日）

引きこもりながらも「発熱中！」

お元気でしょうか?

このところ、引きこもり気味の暮らしをしています。って、毎日お仕事で忙しい方から「そんな暮らしができてよかったこと」と嫌われそうですが、でもね、わたしの場合、学校に行くことをやめて劇団に通いだした16歳からずぅぅっと働いてきたのです。

特にテレビの仕事で大忙しだった時期、週に8本のレギュラー番組を抱えていた時期などは、誰よりも誰よりも働いたと思っています。

会社員や公務員の方には「定年」という「決まり」があって、人生設計のタイミングが自動的に決まります。が、わたしのようにどこにも属さない者にはそれがありません。

このコラムで何回か書きましたように、2011年3月11日以降、わたしの人生はガラリと変わりました。世界は、社会は、悪に満ちているし、理不尽なこと不条理なことの前では、自分なんていないも同然。

けれど、こうも言える。世界は、社会は、自分なんだって。

だってわたしが死んでしまえば、わたしの「世界」もそれでおしまい。わたしが死んでしまえば、わたしの「社会」もそれでおしまい。だから、生きてる間は「世界は、社会は、こうあってほしい……」ということに向かっていたいと実感したのです。

「大袈裟ね」と笑っていますか？　そう、大袈裟なんでしょうけれど、実感なのです。3月11日以降、自分の芯が地球に向かって真っ直ぐに立っているって。あはは、ほんとに、大袈裟ですね。

原発はいらない、戦争しない、力の弱い人を支え寄り添う社会になるため自分にできることをしたいと、誘われるまま流れに身を任せ、役立つと思えたことをやってきました。「怖がらず恥ずかしがらず」と自分を励まし続けてきました。

が、事態は日々、時々刻々、深刻になっていきます。取り返しのつかない方向へ、次から次へと。

あまりにも愚かな決定がされ、恐ろしい展開があり、あちこちで火の手が上がっているのに、ほとんどの人は相変わらず無知・無関心。

そう言うわたしだって、朝から晩まで「脱原発」に身を捧げているわけではなく、ダラダラ呑んだくれている役立たずのバカでもあります。この時代を生きているどなたさまも、きっと引き裂かれて生きているのでしょうね。ほんとに、おつかれさまです。

さて、「定年」がないので、自分で自分を解放してやることにしました。どこか生真面目でいつも何かに一心不乱。「なんでそんなに頑張るの?」と言われてきました。

確かにいつも何かに熱中しているのですが、それは自分が何かの役に立つことを前提条件にしていたように思うのです。誰にも強制されていないのに、歯を食い縛ってでも頑張る自分は、もう、やめることにしました。定年になって人生の速度を落としていくように、わたしも速度を落としていこうと思いました。

で、役に立たない自分が、このごろ引きこもり、何をしているか。

あはは、お見せしちゃいます。世界地図を貼りました。世界文化史年表を貼りました。

人体骨格詳細図を貼りました。まるで、中学生の勉強部屋のようでしょう。この世界地図、日本が地図の真ん中にあるから、いまひとつ気に入っていません。この世界文化史年表はかなり気に入っています。これまで持っていた世界文化史年表よりサイズが大きい分、詳しく書かれています。この2枚を並べて貼ると、あらあら、なんて素敵!

わたしが生きてきた64年間、ひとり気ままに歩いたあちこち、世界57カ国のあちこちで見たり聴いたりしたこと、観てきた映画のあれこれ、楽しんできた音楽、読んできた本の内容など、わたしの記憶の倉庫にバラバラにあるものを、この地図と年表上で確認していくと、それぞれの位置関係が教えてくれることが生き生きと出てきたのです。

どこの誰だってひとりで生きているわけじゃないように、国と国だってお互いの関係の微妙なバランスの上で揺れているわけです。

この年表上では、日本は飛鳥時代から2000年までが45センチ、中国は前漢の時代から65・5センチ、米国は建国から2000年まででたったの7センチ。たったの7センチが地球を壊そうとしている。我が日本はその国にへつらっている。長い歴史の誇りを捨てている。

わたしがこれまで心惹かれて読んだ本や観た映画は、大抵が「抵抗する人」「自分を生ききった人」のお話だったのだと気がつきました。マーケティングではじき出されたデータをベースに製作配給される人気映画、メジャーな映画には興味がなく、観たいのはいつも「抵抗する人」「反逆する人」の物語。その生涯で賞賛され愛された人も、非難され続けて死んでいった人もいて、実に様々です。

この2枚を前に立ち尽くしていると、記憶の底にある、実在した人、

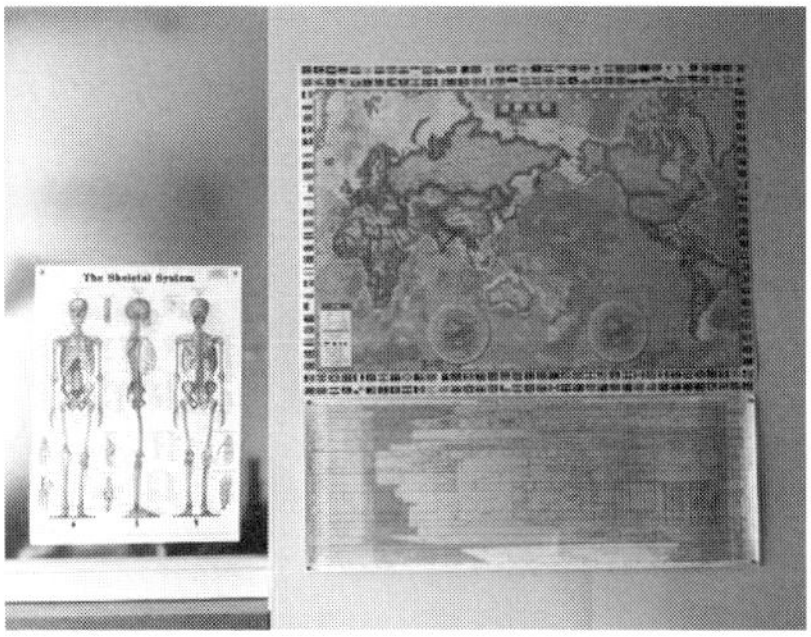

世界地図、世界文化史年表、人体骨格詳細図を貼りました。

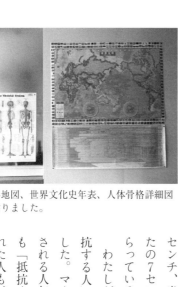

架空の人、それぞれのいろんな言葉や行いが現れてきます。

わたしの精神の拠り所になっている映画を再確認して観直しています。『波止場』『第三の男』『市民ケーン』『アラビアのロレンス』『何がジェーンに起ったか？』『マンディンゴ』『ジョニーは戦場へ行った』『真昼の決闘』『卒業』『イージー・ライダー』『カッコーの巣の上で』『グリニッチ・ビレッジの青春』『大人は判ってくれない』

ああ、キリがないほど、宝物がたっくさんある！　古い映画を観ては、この2枚の前に立つと、あらあら、違うことが見えてくる。若いころに観た時には気がつかなかったことがわかってくる。『ローマの休日』がどれほど政治的なことを描いていたことか、わかってくる。実に深く深く描写されていることに気がついていく。それは、もう、スリリングなほど。五十数年前にこの脚本を書いたダルトン・トランボが描きこんだことが時間や世界を超えてこのわたしの心を揺さぶる。

人生の終盤に向かって、また、ひとつ、楽しみな鉱脈を探り当てました。

もうひとつ。6月30日発売の本をパイロット版で読ませていただきました。ベストセラーになった『日本はなぜ、「基地」と「原発」を止められないのか』（集英社インターナショナル）の著者・矢部宏治さんの最新刊『戦争をしない国　明仁天皇メッセージ』（小学館）。天皇であることの孤独を引き受けた方の自己犠牲の歴史や今まで出されてきた数々のメッセージをまとめて読むことでわかってくる、明仁天皇の深い思索と行動力。「戦争をしない国」であることを願う強いご意志を知って、改めてこの国の天皇陛下が明仁天皇であることを幸運に思いました。ネットにつながっていない、新聞・テレビの情報だけで暮らしている知り合いにこの本を届けて、新聞・テレビが報道しない明仁天皇陛下のメッセージを知ってもらいたいと思います。これだって「脱原発」「戦争をしない国」のためのアクションのひとつではないでしょうか。

わたし「引きこもり中」ではありますが、しっかり「発熱中!」です。

お元気でいらしてください。読んでくださってありがとうございました。


(2015年6月24日)

もう黙っていてはダメ!

ご存知でしょうか? 作家・澤地久枝さんが発案された素晴らしい抗議方法を。

俳人の金子兜太《とうた》さんが書かれた「アベ政治を許さない」。この書を、7月18日午後1時きっかりに、日本全国のあちこちで、一斉に掲げましょう! というもの。

これなら確かに、デモに行けない、集会にも行けない、でも、戦争法案には反対したいと思っている方のどなたでも、アベ政権に「NO!」と抗議を示すことができる。簡単にできる。わたしもその呼びかけ人のひとり、です。セブン-イレブンの「ネットプリント」で指定の予約番号を打ち込むだけ。白黒で1枚20円。何枚でもプリントアウトできます。これを外から見えるお住まいのどこかに貼り出してもいいし、何人かで誘い合って掲げてお散歩するのもいい。デモの形じゃなくていい、ただ持って歩いているだけ、ただ持って立っているだけでいい。で、どこかに同じことをしている人が自分以外にいたら、楽しい。きっと、いるはず。

7月18日午後1時きっかりに、全国一斉に！　「アベ政治を許さない！」。

澤地久枝さんは「さようなら原発1000万人アクション」の呼びかけ人のおひとりですから、この3年近く集会の司会をさせていただいているわたしは、その都度ご一緒させていただいていて、控え室でお話しする時間にも恵まれてきました。

みなさまご存知のように、2011年3月11日以降、この国のやることは月日を重ねるほど予想だにしなかった方向へ、悪い方へ悪い方へと転がり続けています。その加速するスピードに追い立てられるように、わたしたちの怒りも膨れてきました。穏やかでやさしい品のいい澤地さんですが、なさるスピーチには、本気の怒りがあふれます。

以前のコラム（58ページ、「何が消されているのか」）に書きました、今年1月半ばの「表現の不自由展　消されたものたち」でトークされた時も、澤地さんの怒りはあふれていました。澤地さんの胸の奥にある怒りの炎を見た思いがしました。

「戦争をしてはいけない、再稼働させてはいけない、黙っていてはいけない」

「わたしを捕まえたければ捕まえなさい、わたしは恐れないで自分の思ったことを言い続けます」

「アカと呼ばれてもバカと呼ばれてもいい、小さな旗を掲げて歩き続けます」

「もうみんなね、黙ってちゃダメ、みんなもっと喧嘩していかなきゃ」

「打っても響かない人が多いけど、絶望はしない、希望を持っています」

「なんでみんな、身を守るように保守的になっちゃったんでしょうね。この70年間で自分の意見を持たない「お豆腐人間」ばかりになっちゃった」

そして、今回の「アベ政治を許さない」アクションです。

これを読んでくださってるみなさま、どうか、ご一緒に！　7月18日午後1時きっかりに「アベ政治を許さない」を掲げて町へ出ましょう。

ところが、わたしは「どうしよう〜、どうしよう〜」です。

というのは、この18日という日は、ふた月も前から約束していることがあるのです。わたしの大切な小さな友だち、アオバ、フウタ、イチゴ、ナノカちゃんたちと、ケイト、コノちゃんたちと、ロンドンからお里帰りのリカさんと、アカリちゃんと一日遊ぶことになっているのです。みんなでちらし寿司とお稲荷さんを作って一緒にご飯する予定なのです。この人たちとの約束は大切です。

　落合恵子さんとご一緒に抗議行動に行きたかったのですが、きっぱりあきらめて約束を守ります。で、

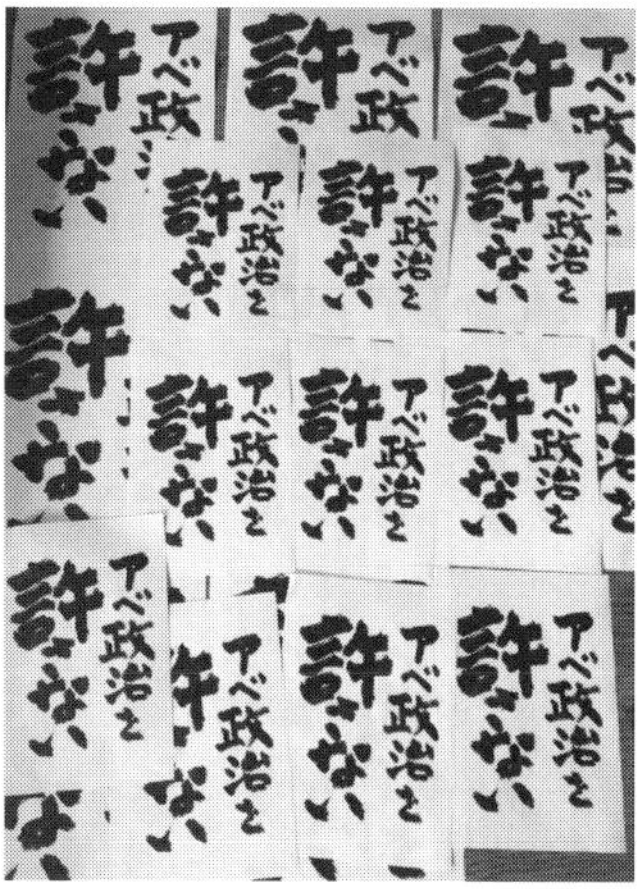

ネットにつながっていなくて情報はテレビと新聞だけ、という知り合いに配るため、大量に手に入れています。

で、発想大転換！

今日6月30日(火)から時間をかけて、小さな友だちみんなに、今のこの国の状況を説明します。そう、今、5歳、7歳、8歳、9歳、10歳、11歳のみんなのことなのです。来年3月までに安倍政権を倒すのと、それが達成できなかった場合とふたつにひとつ。1年後、2年後に後悔しても遅いのです。戦争になるというのはどういうことか、一緒に考えてみます。

心に浮かんだ言葉を、それぞれ「アベ政治を許さない」と同じスタイルで書いてもらい、それを掲げてもらうことにします。書を掲げてみんなで駅へ行ったり公園に行ったり、歩きます。周りを見てからしか行動できないヘナチョコ大人より、きっと真剣に向き合ってくれるでしょう。ま、あまり期待せず何も押しつけず一緒に考えてみます。

俄然、楽しくなってきました。

戦争をさせない。再稼働させない。アベ政治を許さない。どうか、ご一緒に。


（2015年7月1日）

広がる「発熱中!」

フジロックフェスティバル会場でスタッフの大久保青志さんと（2015 年 7 月 26 日）

2015年7〜9月

雨の降る日に、心に浮かぶいろいろなこと

『否常識のススメ――成長神話の終わりに』（ライフデザインブックス）という本が出版されました。著者は、水野誠一。はい、わたしの夫です。

この「夫です」という言い方、どう思われますか？　この一、二年「連れ合い」という言い方をする方が多いように感じているのは、わたしだけでしょうか。「連れ合い」「連れ」。わたしは今まで「夫が……」「主人が……」、または名前で「水野が……」と言ってきました。「相方」という人もいるし、ダーリンを略して「ダー」という方も、伴侶の関係なのに「パパ」と言う人もいます。

ま、どう言おうがその人の勝手なのはもちろんですが、わたしの場合「連れ合い」を聞いてからはなんとなく「主人が……」と言うのが居心地悪く感じるようになりました。彼はわたしの「主人」ではないし、いつまでも対等な自立した男と女が並んでいる関係でいたいから、もう「主人」と言うのはやめようかと思い始めました。

が、ですが、「連れ合い」「連れ」は「音」としてちょっと抵抗があって、慣れるまで使えそうにありません。なので、しばらくは「夫」でいこうと思います。

はい、まったく些細な小さなことなのですが、こういう小さなことを大切に扱わないと前に進め

ない頑固者のわたしなのであります。

で、その、「夫」が本を出しました。『否常識のススメ』。「そんなに大量消費が必要か」「そんなに大量の電気が必要か」。今、常識を否定して見つめ直す必要があるのじゃないか。地球が壊れかかっていて日本が戦争する国に転がり落ちようとしている今だからこそ「否常識」を「ススメ」る、そんな内容です。読んでいただけたらうれしいです。


さて、雨降りが続く時期には、ショパンの「マズルカ」を聴きたくなります。今年も、ここ数日雨降りが続いているので、聴いています。

が、去年までと全く違う聴き方をしています。

アップルが、今年の6月30日に全世界同時にスタートさせた「アップル・ミュージック」というサービスをご存知でしょうか？　これ、画期的です。

月額980円で、あらゆる音楽がダウンロードできます。日本の音楽は著作権の問題をクリアするのに時間がかかっているとかいないとか、対象外のものが多いようですが、わたしが聴きたいクラシックや日本以外の音楽は実に充実していますから、「待ってました」とばかりに6月30日に会員になりました。

と言っても、サービス開始の6月30日から3カ月間は無料です。無料、なんです。お薦めです。

ショパンの「マズルカ」、このアップル・ミュージックで検索するとズラリと出てきてくれます。

ウラディーミル・アシュケナージ、アルトゥール・ルービンシュタイン、ロナルド・スミス、ジャン＝マルク・ルイサダ……。そのどれもが聴取可能。いえ、ダウンロードだってできてしまうのです。3カ月間無料で、です。ですから、今までに世界のどこかで演奏されて市販されてきた「マズルカ」を聴き比べることができるのです。

うれしくてうれしくて、この数日、聴いて聴いて、聴いています。

ショパンの「マズルカ第13番」、初めて聴いたのは中学3年の時、親が仲良くしていた知り合いの家で。わたしはそこの小母さんが大好きでした。

どうやらご主人に別の家庭があると知ってしまった小母さんが、その時期、繰り返し聴いてる曲なのでした。でも、曲名も演奏者の名前も、小母さん自身、何も知りませんでした。

その後、どこかで偶然流れていたこの曲を聴いた時に、ハッと昔の感覚が蘇《よみがえ》り、周りの人に尋ね尋ねて、ついにその曲がフレデリック・ショパンの「マズルカ第13番」だと知ったのでした。ショパンの「マズルカ」は第51番までありますが、15歳の時に刷り込まれた曲は、第13番でした。で、今日、聴き比べをしていて知ったのは、わたしが初めて聴いたその時から幾度も幾度も心の中で響かせてきた演奏は、アルトゥール・ルービンシュタインの演奏なのでした。しとしとと降りやまない雨にとてもよく合います、よね。

7月6日は、第14世ダライ・ラマ法王、80歳のお誕生日でした。

Happy Birthday to H. H The Dalai Lama.

かつて依頼されて「Norbulingka Japan」というグループを創り、運営していた時期があります。夫・水野誠一と坂本龍一さんと3人でお金を出し合い、いろんな形でチベットサポートをしていました。法王の妹さんで「Tibetan Children's Village」の代表、ジェツン・ペマ（Jetsun Pema）さんをお招きしてイベントを開催。京都への旅行にご一緒したりもしました。

それがきっかけで、翌年のＴＣＶ（チベット子ども村）創立記念日に招待され、インド・ダラムサラの亡命政府まで法王に会いに行ったこともあります。

来日されるたびに司会をさせていただき、その都度お話もさせていただいて、「The Missing Peace」というアート展を主催した時には「マイ・フレンド」とおっしゃって、抱きしめていただいたこともありました。

けれど、人がたくさん集まる所ではいつも、いつの間にか派閥ができ、反目しあい、誰かが誰かを中傷したり裏切ったりということが起きていきます。法王に謁見する機会が多くなり、司会をするという目立つことが多かったからか、嫉妬が原因かと思いますが、嫌な想いもするようになりました。

嫌な想いがうれしい想いを超すようになっていったある日のある時、不快な出来事があり、それを機会にわたしのチベットサポートは終了しました。

以来、「Norbulingka Japan」は解散（坂本さんも水野も忙しくて、実質、動いていたのはわたしでしたので、解散せざるを得ませんでした)。

ずっと司会をしていたダライ・ラマ法王のお誕生日祝賀会も、毎年、招待いただいているのに、申し訳ないのですが一度も出席したことはありません。

頑固者は頑《かたくな》、です。

心の中のダライ・ラマ法王は呆れた顔で微笑されている……ような気もするのですが。

と、こう書いている今は、7月7日です。

「戦争法案」どうなるのでしょうか? 不安です。心配です。可決されないよう、今、できることを!

この「マガジン9」には「全国デモ情報」というページがあり、日本全国のデモ情報を集めて載せてくれています。あなたのお住まいになっていらっしゃる地域でも、きっと誰かがデモなり集会なりを企画運営してくれています。どうか、そういう人たちとつながって「アベ政治を許さない」行動をしてください。

この国が「戦争をしない国」のままでいられますように。

6月27日に行われたSEALDs(Students Emergency Action for Liberal Democracy-s)の「戦争法案に反対するハチ公前アピール街宣」。「ミキ」さんのスピーチ、素晴らしいものでした、ね。

わたしもさっそく連絡をとり、メンバーの本間信和さんとつながりました。司会を引き受けている9月6日京都での集会、9月23日代々木公園での大規模集会デモ、このふたつにもSEALDsに参加してもらい、どういう形にしていくのか相談を始めました。

お元気でいらしてください。

（2015年7月8日）

SEALDsという希望

ワクワクでした。話が続けば続くほど、ワクワク。目の前に居るのは、筑波大学3年生の本間信和さん（20歳）と上智大学4年生の芝田万奈《まな》さん（21歳）。SEALDsのメンバーです。

「ランチをしながら話しましょう」ってことで原宿のレストランで待ち合わせ。会ったことのない初対面ですから、あらかじめ着ているものなどメッセージで伝えました。「黒のスカートに袖口がオレンジの黒ジャケットを着てます、髪は肩よりやや長め」なんてふうに。こんなふうにして人と会って話をするなんて、ほんとに、久し振り。

あらゆる差を超えて、3人が話したい共通項は「流れを変えたい」というはっきりした想い、決意です。「アベ政治の暴走」に加速度がついていくことへの危機感、この国が「戦争する国」に転がり落ちていく恐怖、今こそ本気で「流れを変えたい」。「戦争をしない国」であるために、今、できることをできる場で……。

２０１１年3月11日以降、わたしはすっかり覚醒したのだと思います。地震と津波は防ぎようがない天災だったけれど、原子力発電所の事故、あの恐ろしい事故は防げた人災。事故が起きるはるか以前から、その危険性を警告していてくれた人がいたのです。「原子力発電は危険すぎる」「事故が起こってからでは遅すぎる」って。しかも「チェルノブイリ事故」を経験して知っていたのに、いやいや、それどころか世界で唯一の原爆経験のある国だというのに、たくさんの警告の声を無視してきました。

元京都大学原子炉実験所助教・小出裕章さんの「政・官・産・学・マスコミが一体となって原子力を国策として推進してきたのだから、騙されたのも仕方がない。けれど、騙されたあなたにも責任がある。騙されたことに気がつかなければ、また、騙される」という発言を読んだ時、わたしはハッとしたのでした。

たとえ何百万分の一、何十万分の一にしろ、わたしにも、このわたしにも責任がある……。あの時、わたしは覚醒したのだと思います。今からでも遅くはない、原子力が廃絶されるまで自分のできることをしていこうと小さく決意したのでした。それから、ヨチヨチ歩き出しました。

ひとりで「デモ」に参加し、募金をし、署名をし、座り込みにも参加しました。少しずつ顔見知りができていきました。そのうち、「スピーチをして」と言われ、ドキドキしながらスピーチをしました。そのうち、司会を頼まれるようにもなり、この3年ちょっと、わたしなりの「アクション」を続けてきました。
が、一向に変わらないことに無力感を感じることもたびたびあり、疲れてもいきました。「運動」を長く続けている先輩たちのやり方への不満も膨れてきました。もっと違う形に、と提案しても提案しても受け入れてもらえず、「大きな組織は変化を嫌う。まるで「原子力ムラと似た構造」」と気がついてからは、自分でできることを見つけてやっていくと、「団体行動」が苦手な自分をはっきり意識して「ひとり行動」することにしていきました。
今、振り返ってもよくそんなことをしたものだと驚きますが、英国ロンドン日本大使館前で原発反対スピーチを英語でしました。インド・ニューデリーで2日間の空き時間があると知った時、「インドで脱原発活動の人を紹介して」と頼んで知り合ったクマー・サンダラムさんのすすめで、インドのテレビで脱原発スピーチをこれもまた英語でするという、死んでしまったわたしの父母が知ったら腰を抜かすほど驚くと思うような自分になっていました。
ある時、SEALDsを知りました。新鮮でした。どのメンバーのどのスピーチも素晴らしく心をわしづかみにされました。こうありたい……と先輩たちに提案していたことのいちいちが、実現していました。学生がしている運動ですが、かつての「学生運動」とは似て非なる「アクション」。
“You can't just sit back and watch the world goes like this.
Because democracy is ours. Anti-war for liberal democracy. We will stop it.”
「ただ座って世界を見ていることなんてできない。だって、「ぼくらの民主主義」なんだぜ。わたしたちは自由と民主主義を望みます。そして、戦争に反対します」(SEALDs)なんて、素敵！　会いたいと思いました。彼らに拍手を送りお手伝いしたい、協力し合いたいと思いました。

思ったら行動、です。連絡がとれて会いましょうということになり、この初対面ランチになりました。彼らも2011年3月11日以降、覚醒したのだと言います。何かできることから始めようと、SEALDsの前身、SASPLを立ち上げ、彼らなりの紆余曲折があってSEALDsに成長してきました。

本間信和さんが驚くことを言いました。

「木内さん、ツイッターでぼくのことをほめてくれたことがあるんですよ。エゴ・サーチしていて気がついたんです」

高校生だった本間さんが短い映像の中で言った言葉を「なんて素敵な人がいるのでしょう～～」とわたしがツイートしたというのです。iPhoneでその映像を見せてくれました。はい、見覚えがありました。

友人の関根青龍さんが主催する「国際平和映像祭(UFPFF)2013」でグランプリを受賞した作品『生きる312』は、本間さんの仲間でSEALDsの中心メンバー、奥田愛基さんの作品なのでした。その当時、「いい作品があるのよ」と教えてもらって観たのでした。作品の真ん中あたりで、本間さんが登場して、こう言います。

「ぼくは朝、毎日、掃除できるような人になりたい。朝ね、みんなの見えないところで、みんなわからないところを掃除するような人になりたい……」

この発言が響いて「なんて素敵な人がいるのでしょう〜〜」とツイートしていたのでした。かつて一瞬響き合ったことがあった人と、今、話している……。

人生は、素晴らしい。おもしろい。

今、SEALDsがこの国の流れを変えつつあります。この魅力的な「火種」があちこちに「飛び火」しています。日本全国のあちこちで覚醒した人々が動き出しています。この若い人たちに刺激されてずっと運動してきた人も、新たな視線、感性を得て、また新しい気持ちで運動するようにもなってきました。

このマガジン9の「全国デモ情報」をよくよく眺めてください。時々刻々と流れが変わっていることに気がつきます。「潮目」は変わった、と何人もの人がそう発言しています。

SEALDsを「さようなら原発1000万人アクション」「戦争をさせない1000人委員会」の鎌田慧さんにつなぎ、先々連携していくこととなりました。

ただ、これを書いている今日は7月14日。「戦争法案」が「強行採決」されるかどうかの瀬戸際です。15、16、17日と、国会前緊急行動に参加しましょう。

今、できることを！　今しか、できないのだから。あなたも、あなたにしかできないアクションを、ぜひ！　希望を掲げましょう。

帰りしな、ニューヨークのハイスクール卒業のかわいいかわいい万奈さんが、冊子を2冊くださいました。中にSEALDsのシールが入っていて、仲間にしてもらえたと思えて、うれしくなりました。

（2015年7月15日）

「発熱中！」が増殖中！

さる7月8日のことです。慶應義塾大学・日吉キャンパスの階段教室で、わたしにとっては3回目の経験、大学の講師として約200名の学生さんに90分の講義をさせていただきました。

そもそも、中卒ですから大学の授業に出た経験がありません。だから、大学というものを知りませんし、昔と今とどう違うのかもわかりません。階段教室というものも、映画やテレビの映像でしか見たことがないのでした。「場」に馴染《なじ》みたいので、早めに到着してしばし廊下や通路を歩きました。

18、19、20、21歳という、自分の子どもより年若い人たちが、たくさんたくさん歩いています。今のわたしの目には「子ども」に見えます。世代の違う「正式な講師ではない」「彼らが選択したのではない講師」のわたしの言葉が通じるのか、想いを共有できるのか……。不安がいっぱいでしたが、最低限「本気で生きる」熱だけは伝えたいと教室に入りました。

大きな教室ですが、みなさんの許可をもらってマイクなしの直接の声で聴いてもらいました。これだけは伝えたいとメモしていったことを次々と展開。学生さんの反応に沿って脱線しながら、全員で雑談しながら散歩したような気分でした。90分が、すぐ、でした。

以下、学生さんのアンケートです。

●今までの中でいちばんビビッときた講義でした。木内さんみたいに熱をぶつけてくれる授業があまりないから、なんかどよーんとしてしまう気がしました。

●熱がすごく伝わってきて、久しぶりに90分間全く眠くない授業でした。

●いつもの授業と違ってすごく新鮮だった。いい意味で普段の常識を壊してくれてよかった。

●「わたしたちは人生の華の時代を生きているのだから、もっと、パワフルに生きないともったいない」という言葉が胸に痛く刺さりました。

●正直、大学に入学した当初の熱を失っている自分がいて、今日の木内さんの話はものすごく自分に響きました。

●みどりさんのすごい熱で目が覚めました!!

●木内さんのパワフルさに、思わず身を乗り出してお話をきいてしまいました。

●とってもパワフルな方で、40代かと思いました。

●原発には賛成だったのですが、今日の話を聞いて反対派になりました。

- 力強いスピーチだった。起きなければいけないらしい。気付かされた講義だった。
- すごく印象に残る90分でした。
- もっと自分の内側から変わろうと思いました。
- 非常に感情に訴えてきて、多少、過激だったが、普段こういう人に教えられることはなかったので新鮮だった。
- 今まで大学で受けてきた授業でいちばんおもしろいものだと思いました。
- 目を覚まされた感がありました。
- 今日、木内さんの講義をきいて、うちに眠っていたわたしの生きる原動力、果たしたい思いを再確認することができたような気がします。
- 「自分の中にどういう熱があるのかを知る」という言葉がいちばん印象的だった。
- 熱のある講演をありがとうございました。人生に本気になってくれという意見には賛成です。
- 木内みどりさんは今まで会った人の中でいちばん力強い人でした。
- I got inspired from her so much, and on top of that I feel want to be like her in the future.
- なんでそんなにパワフルなのか。知りたい。教えてください!! おねがいします!!
- 生き方を見直そうと思った。感心と圧倒の連続だった。
- 少し目覚めました。
- わたしも原発止めたい。なんとかしたい。

・みどりさんの力強い講演に目が覚めるようでした。
・久しぶりに熱のこもった話を聞けて良かったです。ただ、権力と正攻法で対峙するのは不可能だと思います。我々はもっとずる賢くこの敵と闘わなければならないと感じました。
・わたしの人生の主役はわたし、と主張することの大切さを感じました。
・わたしたちとは初対面にもかかわらず、全てを見透かされている気がしました。木内さんの言葉で目が覚めました。自分を見つめ直します。
・とてもパワフルな方だなぁと思いました。言っていることが熱血で心動かされました。発熱したいです。
・わたしは福島県出身なのですが、ここまで授業で原発批判とか政府の対応批判した人は見たことがなかったので圧倒されました。
・脱原発の方の意見というより、木内みどりさんからしか聞くことができないお話が聞けてとても有意義でした。
・僕が人生で会ったことのないタイプの人だった。話を聞いていたら、外国に旅に出ていろんな人に会って、いろんな考えに触れたいという欲がかきたてられました。
・自分がやる気がない人間だということを実感させられた。
・当事者意識が持てません。私自身が様々な行動に対して責任を持っていないからでしょうか。
・目をさまさなければ!!　何かいろいろもう遅いやと思っていたけれど、全然だ。これからだ。

・人生のエネルギーをもらいました。
・もっと自分で自分のことをしっかり考えて生活していこうと思った。
・みどりさんの講義は演劇みたいで直接、心にひびいた。
・世の中が複雑すぎて一歩を踏み出せません。
・木内さんはとっても情熱的な方で、とってもおもしろい講義でした。選挙権を獲得したら必ず選挙に行こうと思います。自分の中で何か萌えるものを見つけたいです。

アンケートはもっともっと、たくさん、ありました。なかには、「幸せな人生を過ごした人なんだなぁと感じた」というものがあり、「安倍政権を原発の観点から一概に甚だしく批判するのは、これから選挙権を握る学生に訴えるのは、どうかと思います。アベノミクスは成功し、日本経済は間違いなく良い方向に向かっています。空気を読むことも生きていく上で非常に重要なことです。木内さんにも今一度ご自身のお考えを再考されてみていただきたいです。失礼いたしました」というのがあり、「わたしの母校に講演に来てください」という出身高校での「講演依頼」が3通ありました。

この90分で聴いてくれた学生さんが、この日のわたしを体験し、わたしがこの教室の200名近い大学生さんたちを体験した。教えたり教わったりってほんとうはここから始まるのにな……というのが終えてからのいちばんの実感でした。

だから、ふと、わたしの中で予想外の欲が芽生えました。もう少しもう少し小さい部屋で、せいぜい30人ぐらいの若い人と一緒に、散歩でもするかのような講義の時間を持ちたいなと思ってしまいました。

「目が覚めた」「本気になってきた」「発熱したいです」「自分を見つめ直します」という幾人もの人の中で、90分の効果が熱として届いたことがうれしかった。

発熱仲間が約２００名弱、増殖しました。

そして、「7月18日午後1時きっかりに」と、澤地久枝さんが提案して始まった「アベ政治を許さない」サインを掲げるアクション。わたしもツイッターやフェイスブックに「7月18日午後1時きっかりに代々木上原駅に立ちます」と書き、実行しました。

読んだ方々が来てくださって50から60名の方々と「スタンディング」となりました。

（２０１５年7月22日）

代々木上原駅で「アベ政治を許さない」のアクション。

フジロックに出演しました

7月26日、「フジロックフェスティバル」に行って来ました。観に行ったのではなく出演しに、です。

新潟県の苗場《なえば》スキー場。新幹線で「越後湯沢」まで。そこから迎えに来てくださったスタッフの大久保青志さん（本章扉写真）の案内で会場へ。この大久保青志さんは「さようなら原発1000万人アクション」のメイン・スタッフでもあり、わたしはここ3年ちょっとの間にいろいろな集会でご一緒するので、もう、「仲間」のような親しさを感じるようになっています。

苗場プリンスホテルのロビーで「アーチスト」枠のリストバンドをもらいました。これはフジロックフェスティバルに「出演」する人専用のものなので、ファンにとっては憧れの「リストバンド」なのだそうです。全会場を自由に歩ける通行パスです。

わたしの出演は、午後3時からの「アトミック・カフェ」。2011年3月11日の東日本大震災を受けて「原子力発電」について考えようと設けられ、続けられてきたステージです。

「tsudaる（ツダる）」という言葉にもなった、ジャーナリストの津田大介さんが総合司会。「tsudaる」とは、「記者会見や発表会、または事件性や話題性の高いイベントなどに出席して、現場の状況を、あたかも実況中継のようにに次々とツイッターのタイムラインへツイート・投稿すること」。

この津田大介さんとお会いするのは2度目のわたし。1度目はあの「小林よしのり」さんが主宰する「ゴー宣道場」でした。思えばあのころがわたしにとって「分かれ目」だったのかも……と、今、思い返して、そう、感じます。

「普通の女性の立場で話してほしい」という小林よしのりさんからのお誘いを、頑にお断りしていたのですが、専門家でなく推進派でなく反対派でもない「現状に不安を感じている普通の女性」としての感覚がほしいのです、と何度も熱心に誘ってくださいました。独特な訛《なま》りの小林よしのりさんご本人との会話が、ふと、楽しいものに感じたころ、「いったい何様だと思ってるの?」という自分への質問が心に浮かびました。

「役立つ」から「来てほしい」と誘われ、お願いまでされているのに「逃げるのか自分?」という質問。「ここで逃げては「女がすたる」んじゃないの、あなた!」って言葉が浮かぶころには、頑な拒絶は緩やかにほぐれて、こんなわたしでお役に立つのなら……と素直に受けいれていました。不安なままだったけれど、あの場に参加してよかった。

公の場で自分の本音を語ること。素直に語れば素直に聴いてもらえ、反応が返ってくる! 反応が返ってくるから、反応し返す。どんどん話が弾み、展開し、どこかへ着地する。やってみないとわからないことは、「怖がらず恥ずかしがらず」やってみればいいのだ。

この時、同じく初めて出演された津田大介さん、城南信用金庫の元理事長・吉原毅さんと知り合いました。その後、違う場所で再会すると「あ〜〜、あの時はお世話になりました」と懐かしく、まるで、一緒に旅でもした仲間のよう。やはり、「役立つから来て」と請われたら「怖がらず恥ずかしがらず」、前に進むことが大切と、今、改めて心に刻みたいと思います。

さて、アトミック・カフェ。津田大介さん総合司会で、バンド「シアターブルック」を率いるミュージシャン、佐藤タイジさんとわたしでトーク、とのこと。佐藤タイジさん、初めて知るお名前でした。ネットで調べて調べて調べているうちに、「なんて素敵なミュージシャン」とわかってきました。2011年3月11日を境に、タイジさんは自分のやりたい「音楽」と「原子力発電」というものに正面から立ち向かったのでした。そして、なんと、太陽光発電だけで賄《まかな》うロックフェスティバルを企画。タイジさんは武道館でそのライブを成功させたのです。

タイジさんが提唱し、たくさんのミュージシャンの心を動かしスタッフ、営業、観客の心までも動かして、ついに、「THE SOLAR BUDOKAN」（2012年12月20日）。太陽光発電で得た電力だけでのライブ、しかも武道館。前代未聞のライブを成功させた、佐藤タイジさん。

武道館で初めてロックを唄い叫んだのはザ・ビートルズで、1966年6月30日、7月1日、2日のこと。当時、16歳だったわたしはこの時、武道館の3階席で、ジョン・レノンその人の姿にしびれていました。その武道館で初めて「太陽光発電だけでライブを成功させたひと」が佐藤タイジさん。日本の音楽史上、歴史に残ることだと思います。

さてさて、まずはシアターブルックの演奏、ライブ。わたしはバックステージで見ていました。

メンバーとタイジさん、一人ひとりが握手をして心を合わせてからステージに進んで行くのを目撃しました。一曲目を終えてから奇跡的な瞬間が。

客席にひと言ふた言タイジさんが言うと大きくうねるのです。お客さんの歓声で聞き取りにくかったのですが、こんなふうに言っていました。

「もっともっと叫べ！　フジロック最終日なんだぜ、帰ったら叫ぶ場所なんてなぁい、ないんだぜ。だから思い切って、さぁ、さ・け・べ！」

ステージギリギリまで近寄っている人々、その後ろにずぅぅっと連なっている人々が体を揺らし、叫んでいる様子は圧巻でした！　わたしも調子づいて、叫び、指笛ピューピューしちゃってました（笑）。

津田大介さん、佐藤タイジさんとトーク。

さてさて、トーク。

「原子力発電を卒業することの難しさを踏まえた上で、「反対運動」に固執しないで「賛成運動」していこうよ、楽しく、ね」といった感じでのトークでした。

わたしなりの成果は、9月23日秋分の日に予定されている「NO NUKES NO WAR」の集会に津田大介さんも佐藤タイジさんも参加してくださると約束してくださったこと。

以前のコラム（123ページ、「SEALDsという希望」）でも書きましたが、SEALDsのみなさんが合流してくれることになり、さらに津田大介さん、佐藤タイジさんも参加決定！　となりました。なにしろ津田大介さんのツイッターのフォロワーさんは、49万8684人！（2015年8月3日午前4時25分現在）、このコラムがアップされるころにはきっと、50万人を超えていることでしょう。

わたしなりにジリジリと続けていることが、ちょっとした「実り」を見せてくれた瞬間でした。

今、憲法学者の小林節さんがドキドキするような魅力で際立っています。

そう、思いません？　ちょっとでもこころ惹かれると「?」「?」「?」としばし落ち着くところまで追っかけてしまう「気質」のわたし、です。

はい、心をわしづかみにされたのはこの動画（ユーチューブ「なぜ私は自由に生きるのか――小林節 慶応大学名誉教授」）なのでした。ほんとは自分だけが知ってることとしてとっておきたい、誰にも教えたくないけれど教えちゃいます。

時間がない人は26分あたりから聞いてください。幼稚園に上がる前の小林節少年とお母さまとの話がコタエます。ここしばらく、小林節さんのことを知りたくて知りたくて。小林節さんの半生を描いた『大学教授になった不登校児――「傷心キッズ」に贈る応援歌』（久保治雄、第三文明社）という本も取り寄せて読みました。

中学後半から「不登校児」「引きこもり」、ついに高校1年で中退という経歴のわたしには、心が痛くなるほどの「傷心キッズ」の本でした。「こんなに素敵なオトコ」がいるってことを知るだけで、うれしくなります。お会いしたり会話したりすることができなくても、今、この今、同じ状況に、この人も生きているんだって知るだけで元気になります。

2011年3月11日以降、わたしにとって「大切な人」となった小出裕章さん。小出さんに次いで小林節さんも「大切な人」となりました。偶然、おふたりとも1949年生まれ。独特に生きてらして超・素敵。いつの日か、このおふたりが好きなお酒など飲みながら緩やかに会話するなんてことを実現させたい……。企画書を書いて提案してみようかしら。

そして8月1日には、軽井沢のセゾン現代美術館での「堤清二・辻井喬 オマージュ展Vol.2 ふたつの目」のオープニングに行ってきました。

「堤清二と辻井喬《たかし》という「ふたつの目」の原点を探りつつ、愛した収蔵作品、全著作、直筆原稿、身近に置いた作品等によって、その稀なる思想と感性を再確認するもの」

わたしの大発見は堤さんが書いた一句、「テロリストになりたし朝《あした》霜崩れる」を知ったことでした。

堤清二さんは夫・水野誠一の義兄弟であり、わたしたちの結婚保証人でもある親戚。ま、身内としてのお付き合いはありました。が、あまりにも特殊な存在ですから、わたしには遠慮があって、

ドナルド・キーンさんと対話(中央は夫・水野誠一)。

むしろ、こちらから遠ざかっているような、そんな関係でした。が、2011年3月11日以降、「脱原発」に目覚めたわたしが同じく「脱原発」を表明される堤さんと同じ新聞紙面で真横に並ぶということがあり(!)、また「脱原発」のためにどんな「手」があり得るのかを考えようという趣旨のもと、いろんな立場の方々と会合する場でご一緒したりと、「親戚」としてではなく「脱原発」という同じ想いを抱いてる者同士としての会話がよちよちできるようになった、そんなころ、堤さんは逝ってしまわれました。

わたしとしては、後悔があります。あんなに遠慮しなければよかった、もっともっとお話しすればよかったと、悔しくて残念でもありました。詩人・辻井喬として、そして同時に経済人・堤清二として生きられた堤さんのきらびやかな人生を彩った、たくさんの展示物の中で、一枚の展示物に釘付けになりました。

「テロリストになりたし朝　霜崩れる」

衝撃を受けました。同じことを感じたことがあるからです。「テロリストになりたしと思えど　道遠し」などとノートに書きつけていたのです。堤さんの句の前で自分の無力を全身で感じていました。なんと非力な自分か。この句の前で、堤さんの孤独と自分の孤独を恐る恐る重ねていました。

展覧会では写真を撮ることは許されませんが、その作品の前で立ち尽くしていても、空いてさえいれば、許されます。想像でぼんやりしていても許されます。

展覧会オープニングを記念してのパーティでご挨拶してくださったドナルド・キーンさん。こんな絶望の日本に帰化してくださったキーンさんは、やさしいやさしいお顔で、素敵でした。

人が少ないウィークデイにじっくり気がすむまで身を置きたい展覧会でした。


（２０１５年８月５日）

11歳の友だち

フジロックフェスティバルに行ったことを前回、書きました。あそこで、始まったことがあります。11歳の少年と知り合いになったのです。

夏の３日間、苗場の野外で繰り広げられる夜まで盛りだくさんなロックのライブ。まったく似合わないわたしですが、アトミック・カフェと名付けられたトークに出演したのでした。津田大介さんが司会で、シアターブルックという人気ロックバンドの佐藤タイジさん、そしてわたしの３人でのトーク。

広い広い会場にいた時間は、６時間くらいのものだったと思いますが、何人かの方に声をかけられ立ち話をしました。そのうちのひとりは「キウチさん、福島のことを忘れないでいてくださって、ありがとうございます」と、うっすらと眼に涙を浮かべて言いました。被災されてからの辛い時間が今なお、続いていることを話してくれました。

また、別の所でビールを飲みソーセージを食べていると、女性が、座っているわたしの椅子にもたれるかのように低くしゃがんで言いました。

「キウチさん、原子力反対・再稼働反対、いろんな活躍してくださってありがとうございます」

この女性も原発事故があってからのことを、静かに静かに話してくれました。生々しい事実が伝わってきて、わたしは、ただ、聞いていました。

事故後、放射能をさけて自主避難。小さい子どもを連れて、あちらに、こちらに、と不安定な時期を過ごし、ご両親はもう動きたくないと決断。家に戻り、今もそこで暮らしているとのこと。

長男を寮のある高校へ送り、今は、小学5年生の次男と新潟で暮らしている。彼女は職を見つけ、忙しい毎日。避難用仮設住宅の代わりの借り上げ住宅の家賃補助が、来年度末で終了と決まった、と悔しそうです。

なんていうこと！

原発を推進させてきた挙句、事故を引き起こしたのに誰ひとり責任をとらず、事故の原因もわからず、真相究明するどころか事実をひた隠しに隠し、不条理にも苦難を抱えた人々を、今、見捨てようとしている。

この国のやり方、どこが「美しい国」なんだ！　新潟県の泉田裕彦知事は避難している人々に寄り添って、その後も、なんとか支援したいと発言されているそうです。

こんな話の間、少年がお母さんのそばに来たり離れたり、わたしをチラチラ見ては関心なんかないよとばかりにプイと向こうに行っちゃったり、子どもらしい素直な反応をしている。かわいい。

ふと目があって、いい感じ。考えもなしに言ってしまった。「ねぇ、夏休み、長いでしょ？　気分転換にさ、うちに泊まってみない？　親と離れてみるのもいいんじゃない？」。すると少年、「行く！　うん、行く」。きっと彼も考えもなしに言ったんだと思う。

「できればお母さんや知り合いの人のお手伝いをしてお小遣いを稼ぎ、往復の交通費を自分で稼ぎ出したらカッコいいよね」

「いいよ。やってみるよ」

彼は、来ました！

11歳にとっては生まれて初めての大冒険です。上越線で東京駅、中央線に乗り換え新宿駅、小田急線に乗り換えて代々木上原駅へ。東京駅での乗り換えと新宿駅での乗り換え、これは大人でもまごつく超難関乗り換えです。新宿駅は一日の乗降客数が358万人、世界最高数でギネス認定されている巨大駅。さぁ、11歳少年、たどり着けるかどうか。

約束の時間、駅に迎えに行きました。一度しか会ったことのない少年ですから、お互いにこの日の姿の特徴を教えあいました。少年は白い帽子を被っている。わたしは黒の長いスカートで黒い子犬を連れている。

きっと少年はドキドキドキドキ、迎えるわたしもドキドキドキドキドキ。

白い帽子、来ました！

2泊3日の間、したことや行ったところは……。

車イセッタに乗った。

六本木ヒルズの森美術館でベトナム人アーティスト「ディン・Q・レ展 明日への記憶」。360度東京が見渡せる展望台。

湯島散策。アーツ千代田3331(3331 Arts Chiyoda)のギャラリーで「百年の愚行展」。

経産省前テントひろば(ちょうど共同代表の淵上太郎さんがいらしたのでご挨拶。少年の来訪はめずらしいのか淵上さんが喜んでくださった。「おい、少年、勉強しろよっ！」)。

国会議事堂や東京駅や皇居、丸の内界隈を、はとバスツアーふうに。

浅草・雷門。日本でいちばん古い遊園地「花やしき」。メリーゴーランド、メチャメチャしょぼくてうら寂しい、それがいいのよ～。何といっても「ヘリコプター」という乗り物、超お薦めです。

ディズニーランドなんか洒落臭《しゃらくさ》い、こういうのをこそ、愛してほしいものです。11歳少年とわたし、大喜び！

浅草―神田―秋葉原。ぐるぐる歩いてくたびれたから、駅ビル内のタイ料理屋さんでランチ。

家で映画。『メリー・ポピンズ』『ウォルト・ディズニーの約束』『天と地』。

何をしゃべっていたわけじゃないけど、ずうっと話してた3日間。笑い転げた3日間。振り出し

経産省前テントひろばで。「おい、少年、勉強しろよっ！」。

六本木ヒルズ森美術館の展望台で。

「花やしき」でメリーゴーランド。

3331 Arts Chiyoda「百年の愚行展」。

に戻って、駅に送って、さようなら。階段の向こうに消えていくまで見送ってたよ。

いつもふざけていておどけていてカッコいい少年。

が、我が家の出入り口に貼ってある書「アベ政治を許さない」の前ではそれまでと別人の如く厳しく凛々しい顔になった、と写真を載せたいのですが、11歳少年のプライバシーを守るため取りやめにしました。実にいい写真なので残念なのですが……。

新潟に戻り夏の終わりに少年がひとりとった行動は、わたしがツイッターに載せた「全国デモ情報」(もちろん「マガジン9」の)で調べて、新潟県内のいちばん近い町のデモに参加したこと。お母さんがそう、報告してくれました。

原発事故で急変した彼の歴史。心の奥深くにある映像や言葉がどう熟成されていくのか。見守っていたい。

また、冬休みにおいでね。


(2015年9月2日)

カトリーヌさん、かっこいい〜

ベトナム人アーティスト、ディン・Q・レ(Dinh Q. Lê)さんの「ディン・Q・レ展 明日への記憶」@六本木ヒルズ森美術館のこと。影響されて前から行きたかったベトナムに、思いつき、そのままの勢いで行って、見聞きしてきたことのあれこれ。そして東京に戻ってから再度見に行った「ディン・Q・レ展」のこと。このアート展が引き金となって興味がむくむく湧いてしまって、ベトナム戦争について勉強していることなど、たくさん、たくさん、お伝えしたいことがあります。が、今は、きのう(9月6日)出会った女性のことをお伝えします。このフランス人女性には、わたし、しびれました。カトリーヌ・カドゥ(Catherine Cadou)さん。

きのうは、京都に日帰りで行って、「さようなら原発、さようなら戦争」集会@梅小路公園で司会。雨が降ったりやんだりの悪条件のもと、安倍政権に怒っている5500人もの人々が集まった、熱意にあふれたいい集会でした。原発現地からの報告として、鹿児島・川内原発再稼働後について向原祥隆《むこはらよしたか》さん、次に再稼働を狙われている福井・高浜原発の地元からの怒りを東山幸弘さん、川内・高浜に続いて「新規制基準」に「合格」していて再稼働を予定されている愛媛・伊方原発の地元から松本修次さんが話されました。

前滋賀県知事・嘉田由紀子さんは、数日前に交通事故に巻き込まれ胸部打撲なさって、参加は無理かもと主催者が残念がっていたところ、痛みを乗り越え「コルセットしてるから大丈夫」とおっしゃっていらしてくださり、スピーチしてくださいました。雨が激しくなっても帰る人などいないほど熱いみんなの怒りがそうさせるのか、嘉田さんは身振り手振りをまじえて大きく話して熱を帯び、勢いに乗った体が前に、また一歩前に、と進まれる。それはそれはステージのギリギリまで進まれるので、司会・進行のわたしはハラハラドキドキ。ついにはそばまで行ってジャケットの後ろをつかんで引っ張りました（笑）。

そして、そして、カトリーヌさん。「原発いらない、再稼働などもってのほか。みんなで戦い抜きましょう」とスピーチされた後、「これはわたしの小さな経験ですが」と言って話してくださったエピソード。

ある日電話がかかってきて、日本国がわたしに勲章をくださると言うのです。わたしは〝勲章〟なんて好きじゃないけれど、わたしがしてきたことがみなさんに知っていただけるならうれしいと、お受けしますと言ったのです。ところがその翌日、当時の野田首相が大飯《おおい》原発を再稼働させると発表したとニュースで知りました。わたしはすぐに大使館に電話して、「きのうはお受けしますと言いましたが、変更します。原発事故を起こしておきながら再稼働をさせるなんて、そんな政府からの勲章などいりませんので、変更します」と言いました。

カッコいいいぃぃぃぃ〜〜！

カトリーヌさんは、映画界の巨匠・黒澤明監督の通訳として日本とフランスで活躍。次第に日本の映画監督がカンヌ国際映画祭に関わる時は、ほとんどカトリーヌさんが通訳・翻訳・コーディネートするように。日本の、特に下町の暮らしの「豊かさ・美しさ」に魅了されて東京・木場に住まいを持ち楽しんでいたところ、巨大スーパーができると知ります。このままじゃ町がすっかり変わってしまうと、失われる前にその暮らしの豊かさを記録したいと撮影を始めます。それが映画『KIBA Tokyo Micropole／住めば都』。

なんと、この9月20日に1回だけ上映会があります。京都の「アンスティチュ・フランセ関西」で。カトリーヌさんのアフタートーク付きです！　行きたい！

もう一本、カトリーヌさんのドキュメンタリー映画『KUROSAWA's Way／黒澤その道』。黒澤明監督に影響されたと公言している世界の監督たちに、黒澤監督について語ってもらうというインタビュー映画。ベルナルド・ベルトルッチ、クリント・イーストウッド、マーティン・スコセッシ、アッバス・キアロスタミ、ジョン・ウー、テオ・アンゲロプロス、塚本晋也、宮崎駿……。この映画も観たい！

フランス語・日本語・英語が堪能なカトリーヌさん。超インテリのカトリーヌさんの見つめた日本人の暮らしや文化を知りたい。

わたしは「みなさんの熱い怒りを感じます。カンパも思い切ってしちゃってください。気前よく、熱く熱く、お願いしま〜〜〜す！」「チャリンじゃなくてバサって感じで〜〜〜」、こんなふうにカンパのお願いをしたのですが、結果、集まった金額は、57万2975円。主催者一同からも参加者からも「おおぉぉ〜〜〜」と歓声があがり、うれしい瞬間でした。

次は、9月23日、代々木公園です。「さようなら原発1000万人アクション」も、わたしの提案を受け入れてくれることが多くなって、前の印象とは違うリフレッシュした集会になると思います。

オープニングライブはTOSHI-LOW（BRAHMAN／OAU）。登壇者は、いつもの鎌田慧さ

「さようなら原発1000万人アクション」の集会で司会。

ん、澤地久枝さん、落合恵子さん、河合弘之さん。福島から武藤類子さん、北海道に自主避難されている宍戸隆子さんに加えて、奥田愛基さんなどＳＥＡＬＤｓのメンバーが来てくれます。

わたしは司会と後半に津田大介さんと佐藤タイジさん（シアターブルック）とトークもします。集会後のデモも、サウンドカー２台がふた手に分かれて代々木公園―原宿―渋谷と歩きます。ぜ・ひ、ぜ・ひ、参加してください。

この日、代々木公園には行けないって方も、お住まいの近くできっと何かしらのイベントか集会かデモがあるはずです。「マガジン９」の「全国デモ情報」はとても便利です。チェックしてみてください。

（２０１５年９月９日）

変革は一人ひとりから

リトアニア共和国国会議長ロレタ・グラウジニエネさんと（2016年3月）

2016年1〜3月

行動しましょう！　表明しましょう！

新年、おめでとうございます。本年もよろしくお願いいたします。

と、これまでは晴れやかに言い合ってうれしい新年を迎えたものでした。が、2011年3月11日以降、次々と展開することが悪い方へ悪い方へと動いていって、いまや、独裁者のすることを誰も止められなくなっているように思います。

今年の夏の選挙、これが独裁政治に抵抗する最後のチャンスのようです。絶望の秋を迎えないように、「今」「今日」できることを続けていきたいと思います。

みなさんは、どんな新聞を読んでどんなニュースをご覧になっているのでしょう。様々な形で規制され圧力をかけられている新聞・テレビ・ラジオ・雑誌などは「ほんとうの事実」を教えてくれるわけではありません。だから、お金にならないことを時間の限り力の限りを尽くして取材・報道してくれているいくつかのグループを支えたいと思います。

反戦、反原発、反安倍政権、反TPPと心で思っているだけでは賛成する側と同じ、です。忙しくて参加できない、意思を表明するのはためらわれる、考えるのもイヤ、政治などに関わりたくない……。いろんな方がいらっしゃると思います。

が、選挙までのこれからの約7カ月は特殊な時間です。大切な時間です。

行動してください。表明してください。寄付やカンパをしてください。

2016年、崖っぷちから転げ落ちないように。子どもたちの未来をこれ以上傷つけないように。

応援してほしい……。

IWJ(インディペンデント・ウェブ・ジャーナル) https://iwj.co.jp/
マガジン9 https://maga9.jp
デモクラTV http://dmcr.tv
田中龍作ジャーナル https://tanakaryusaku.jp
山本太郎「太郎'sネットワーク」 https://www.taro-yamamoto.jp/taros-network

(2016年1月6日)

石井食品の本気

新幹線で京都まで。山陰本線に乗り換えて園部《そのべ》まで行ってきました。「動くもの」がおもしろいから、バスの窓・電車の窓・飛行機の窓、乗るたびにいつも窓にへばりついている。いくつになっても、移り変わる様子を見ているのが好き。そう、ただ見ているだけです、ボォ〜っと。

新幹線、あれは速過ぎていけない。近くに建物のないエリアならともかく、近くにあるものの全てが恐ろしい速度で流れていくから、それはそれは危なっかしい。ボォ〜っとなんかしてはいられない。変に刺激もされてしまうからくたびれる。

今回は、特急に乗ったのですが、京都を出てからトンネルばかり続いてボォ〜っともできないし、「あぁぁぁ、なんてつまんない窓外〜〜」と思っていたら、トンネル出てからすぐに広がった景色におもわず、声が出た。「うわぁぁぁ、なんて素敵！」。

背筋を伸ばしてみたら、すぐにまた、トンネル。ゴォォォという電車の走行音が大袈裟に響くこと数分、また、パッと景色になった。右も左も緑濃い山で真ん中に川が流れている。濃い緑の山が右にも左にも、手前から奥に奥につながっていき、真ん中の低い低い位置には雨煙りではっきりしない輪郭の川が流れている……。あたり一面鈍い灰色、霧に霞む山も鈍い色。人工物、何もなし。きっと、100年前も200年前も300年前だって同じだったんだろうと思える、この景色。来てよかった。山陰本線の京都—園部間、楽しめるよ。

ボォ〜と見ているうちに次第に変わった次の景色。畑の中にこちら向きの看板があり、「日本の宝、憲法9条」と書いてあった。音の出ない拍手を送りました。

さて、園部で降りた目的は「石井食品株式会社」工場見学。

工場見学好きなのです。ワイン、お箸、江戸小紋、ウィスキー、お茶、輪島塗り、堆肥作り、旧車の修理、いろんな工場を見学してきました。前にもこのコラムで、産業廃棄物を処理する「石坂産業」の工場見学のことを書きました（104ページ、「工場見学のおすすめ」）。あぁ、あの、「うちの工場にもおいで」って方がいらしたら、ぜひ、誘ってください、教えてください。行きますので。

石井食品は、国内に3つ工場を持っていますが、今回は「食物アレルギー配慮食品」を扱っているセクションを特別に見せてくださるということで、喜んで「京丹波工場」に来たのです。食物アレルギーをお持ちの方は多様で、何に対しての食物アレルギーなのかは人それぞれ、千差万別。

わたしは食物アレルギーがないから何もわかっちゃいないのですが、どんなアレルギーの人も食べられる食品を作る大変さを聞いて知っていたので、その「現場」を見たかったのです。一般に工場見学できるのは「見学コース」だけなのですが、今回は中の中まで入れていただけました。

まず、建物に入ってすぐの玄関。靴を脱いでスリッパに履き替えるその前に、白い不織布《ふしょくふ》でできた「サニキャップ」を被らなければいけません。食品工場においては、「毛髪」は危険物なのです。ゆっくり時間をかけて髪の毛全部を不織布の中に押し込めます。

会議室で概要のレクチャーを受けて、そして、着替え。不織布キャップをとって違う種類のキャップで髪を覆います。耳の部分に特殊な施しがあって襟首全体を覆うキャップを着け、白衣を着て、マスク、長靴。

工場ゾーンに入る前に、まずは、毛髪・ホコリ除去の

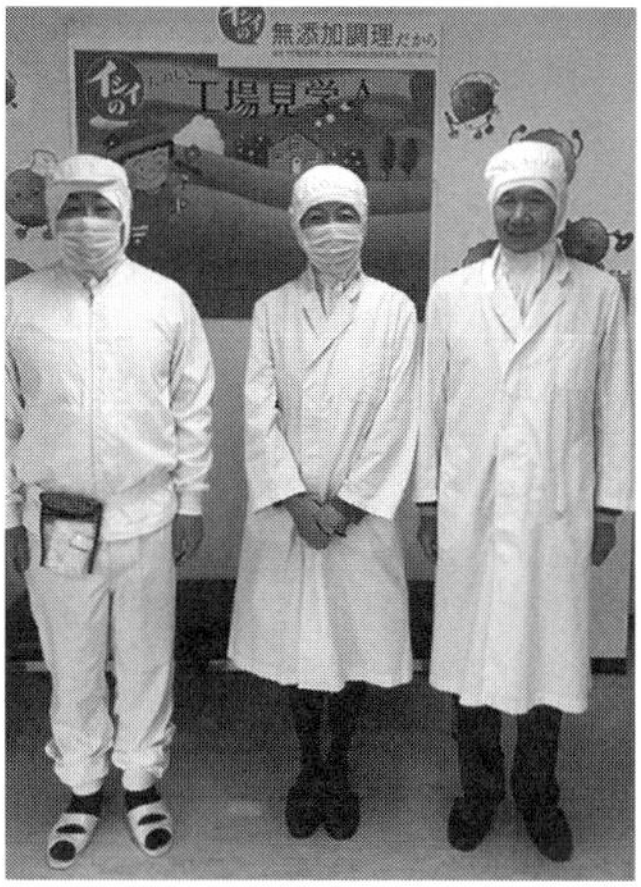

石川慎之工場長さん、長島雅社長さん（右）と。

ミートボールができるまでを見学。

ためのローラー掛け。頭部全体、肩から体の前面・背面、脇の下、両足、両膝後ろまで、丁寧に2分間のタイマーをかけて終了するまでクルクルクルクル、ローラー掛け。

そして、手洗い。これが細かい。手を濡らし、手洗い石鹸噴出ノズルの下に手を置くとピューっと噴射され、これで丁寧に丁寧に手を洗う。2分経つと温水が出ます。2分後に止まるまで、よくよくすすぎます。温風乾燥器に手を入れ、2分手を動かして乾燥。アルコール消毒の器械で両手を消毒。

それから、エアシャワー(半畳くらいの透明ブース)に入ります。ここの床部分はネチャネチャ状態で、長靴の底のホコリやチリなどを取ってくれます。強烈エアシャワーが終了して初めて、工場内へのドアが開きます。

ここから「石井のミートボール」ができるまでの全工程を見せていただきました。おもしろかった〜〜(が、長くなるのでここは割愛)。

さてさて「食物アレルギー配慮食品」の別ゾーンへ。ここまででも、その徹底した衛生管理ぶりに驚いていたのですが、ここから先はまた、別世界。なんと、また、着替えます。それまで着ていたものの下着以外は脱いで、用意されてるユニフォームを着ます。これはここの社員さんも同じです。ここで着るユニフォームはこのゾーンだけのもの。洗濯もこのゾーンに設置されている洗濯室で洗濯・乾燥させるそうで、このゾーンから外に持ち出すことはない。水も排水も空気も、ここだけ独立した体制となっていて、空気圧、水、排水、電気、全てがデジタル数字で管理されています。ミートボールができるまでの流れ作業を見学したからこそわかる、その工程の全部をひとりでこなすセル生産の設備が、ここにはありました。ミニチュアのよう、精密なおもちゃのよう。

工場長さんが打ち明けてくれました。まだまだ生産性が良くなく、検査費用も高くて採算は合ってなく苦労をしています。でもね、アレルギーのお子さんを持つお母さんたちの苦労を思うと……って。あぁ、まるで手術室と気がつきました。

音のない空気も動かないような管理された空間で黙々と働く人々。石井食品の「本気」に胸が熱くなりました。

帰ってから石井食品のホームページを見ていたら、オンラインショップがあることがわかり、注文しようとして驚きました。

何って、値段にです。安いのです。ミートボール10個入り冷蔵(冷凍ではなく冷蔵)で109円。だって、国産鶏肉(見学した日は宮崎県産鶏肉だった)に、国産玉ねぎ、国産パン粉、生姜だって大抵は「生姜エキス」を使うのですが、ここでは、生の生姜をすりおろしている……。材料の出どころが全て表示されていて添加物なし。あの衛生管理下で生産してその値段?! と。

だって、一つひとつの商品に「品質保証番号」が付いていて、石井食品のホームページにある

「ＯＰＥＮ ＩＳＨＩＩ」というページで、買った商品の「品質保証番号」を入れて検索すれば、内容物の全ての履歴がわかるのです。工場内でそれを徹底させることの手間を見てきたので、その値打ちがわかります。だから、安いことに驚きました。

石井食品のホームページを見てみてください。「非常食セット」もよくできています。アレルギーを抱えているお知り合いがいらしたら「食物アレルギー配慮食品」を教えてあげてください。

帰りに気がつきました。あの車窓から見た景色は、保津川下りで有名な渓谷なのでした。桜の季節・紅葉の季節、春休み・夏休み、トロッコ列車に乗って行く保津川下りが人気のようです。人混みが苦手なので、２月の厳寒の中、行ってみようかしらと調べたら、ちゃんと「お座敷暖房船」がありました。

寒い寒い毎日です。風邪などひかれませんように。

（２０１６年２月３日）

『The Vagina Monologues／ヴァギナ・モノローグ』

ご案内させてください。１回きりの上演です。

『The Vagina Monologues／ヴァギナ・モノローグ』

米国のイヴ・エンスラーという女優であり作家でもある人が、世界中の２００人を超える女性に聞き取り取材した「モノローグ」を、ステージ上演できるよう創り上げた朗読劇です。

１９９６年、ニューヨークのオフ・ブロードウェイで上演されて以来、世界各国で様々な言語で上演されてきました。朗読するのもメリル・ストリープのような有名女優だったり、大学生だったり、様々です。

「ヴァギナ」、英語の発音では「ヴァジャイナ」、日本語では「○○○○」。女性の体の大切な一部分なのにその名を発音することはタブーですし、放送禁止用語の代表です。はしたない、いやらしい、汚らわしい、下品……と、どこの国でもいつの間にかそう洗脳されてきた「言葉」です。が、ほんとに「はしたない」ことでしょうか。「汚らわしく」「下品」なことでしょうか？

「ヴァギナ・モノローグ」(2016 年 2 月 28 日上演)

いろいろな女性が語ります。「性器」について「性体験」について語ります。朗読する人も客席で観る人も、試されます。ドキドキするでしょうし、恥ずかしいと感じる瞬間もあるでしょう。自分自身がきちんと考えてきたことじゃない、いつの間にか刷り込まれてきた感じ方だと、気がつく瞬間もあると思います。

この劇の上演には細かく条件がついています。出演者は無償であること。入場券収入から、劇場費・照明費やスタッフ人件費・印刷物やその他の費用を差し引いて残った金額は、全額を性的被害で苦しんでいる女性たちを救う団体に寄付すること。

２０１４年４月４日（金）に、東京芸術劇場シアターイーストで上演しました。この時も１回きりの上演で、今回も、２０１６年２月28日（日）、東京ウィメンズプラザ・ホール（表参道）で１回きりの上演です。

ちょっといつもと違う時間・空間に身を置いてみませんか。なかなか得られない体験になると思います。お待ちしております。


（２０１６年２月17日）

合田佐和子さんのこと

画家、合田《ごうだ》佐和子さんが亡くなりました。

佐和子さんが描いてくれたわたしの画像。今まではわたしだけのものでしたが、佐和子さんの貴重な仕事のひとつとして公開します。

みどりちゃん、さわこちゃんと言い合って、まるで中学女子のような仲でした。

いろいろなところに行きました。シリアに行った時もあまりにもおかしな経験でお話しできないほどです。我が家にも来てくれていたし、さわこちゃんが電車に乗れなくなってからは、さわこちゃんの家に行きました。

近年、調子が良くなくなって、電話で話すことが多くなりました。そのたび、衰えに加速度がついていることを感じていました。

引っ越しを手伝いに行った時、驚きました。斜めにしか歩けないのです。

でもでも、誇り高きさわこちゃん。ほんとにとんがった女性でしたから、並みのオトコじゃあ、かなわない。並みのオトコはすたこらさっさといなくなる。

だって、彼女は類稀なアーチスト「合田佐和子」なのです。合田佐和子は「合田佐和子」の時間を生ききったのです。

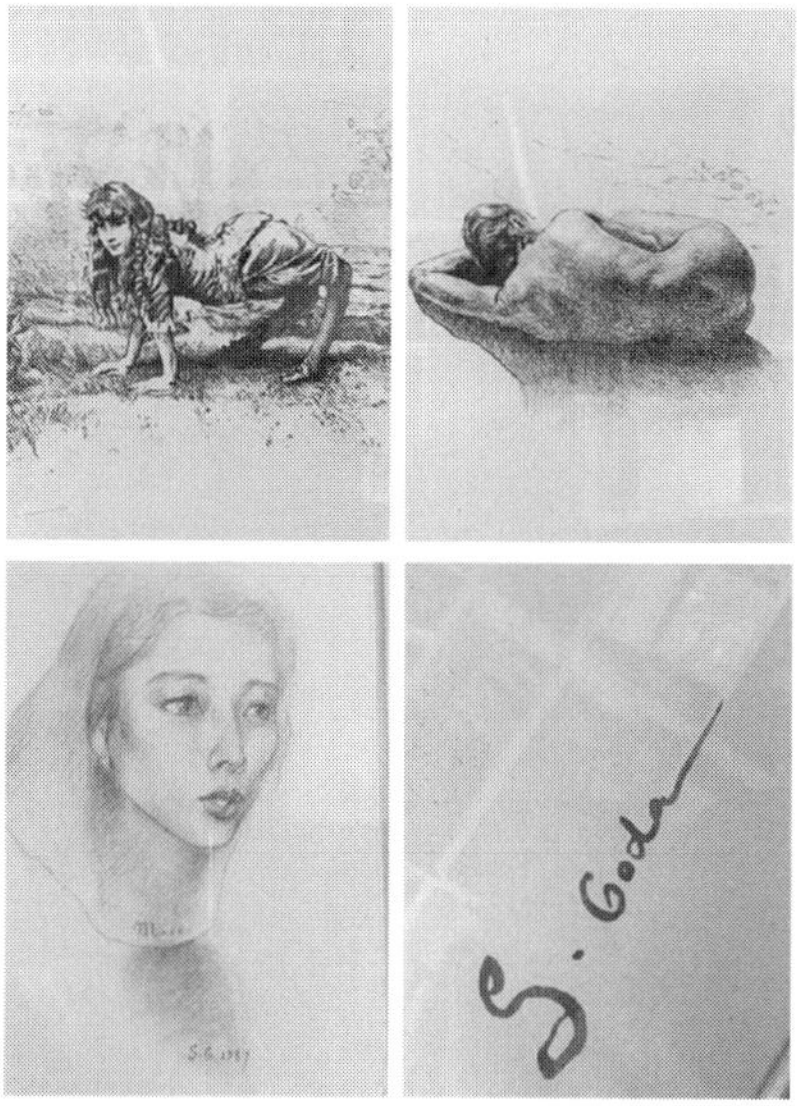

合田佐和子さんが描いてくれたわたしの画像。

もっと言えば、「耳」だけを作り続けた、三木富雄さんの未亡人です。三木さんの「耳」、今も電通の玄関ロビーにあるのでしょうか。

さわこちゃん、

さわこちゃん、

さわこちゃん、

さわこちゃん、

さわこちゃん、

もういないなんて、淋しすぎる。

けれどね、近いうちにわたしも行くところだから。そのうちに、ね。
さわこちゃん、おやすみなさい〜。
（2016年2月24日）

リトアニアの政治家は素敵！

夫・水野誠一が日本リトアニア友好協会の会長をしている関係で、わたしもリトアニアから来日される方々とお会いしたり、リトアニアに行ったりすることがあります。そんな時にいつも感じるのは、リトアニアの文化の深さと政治家の人たちが素敵だということです。

首相、議長、大臣、議員、市長、区長、町長、みなさんどなたもクリエイティブなのです。作曲家だったりピアニストだったり、トランペット演奏家、作家、詩人だったりします。政治家二世、政治家の子どもが親の地盤を受け継いで楽に政治家になるなどということは、ほぼゼロだそうです。

今朝、来日されたリトアニア共和国国会議長は、ロレタ・グラウジニエネ(H. E. Mrs. Loreta Graužinienė)さんという女性でした(本章扉写真)。ディナーの席が真ん前でしたから親しくお話しすることができました。

「リトアニアの政治家の方々はみなさんクリエイティブ、アーチストが多いですよね」と言うと、ニッコリされて「様々な才能のある人がいた方が、多様な政府ができますからね」って。「リトアニアの方々はみなさん、詩を作ることが好きなんですって?」と訊いたら「そう、誰もが詩を書きます。特に若い人たちは自分の考えを整理し表すことが大切ですから」。誰でも投稿できる「詩」のウェブサイトがあって、巨大で活発だそうです。なんだか羨ましい国です。

議長は明後日、日本国政府首相と会談される予定だそうです。

日本国政府の首相はあの人なわけで、ううぅ、ちょっと、恥ずかしい……。

(2016年3月2日)

バリ島のニュピ

バリ島に来ています。

川のせせらぎとそよぐ風。

全身が浄化されていく。

誰ともしゃべらず何も考えず、ただいるだけの時間。

今日はオゴオゴ(Ogoh-ogoh)。村単位で悪霊追放の勇壮で攻撃的な張りぼてをこしらえ、男子が肩に担いで村を練り歩く。何日もかけて作った張りぼてなのに、終わりには火を付け燃やしてしまうそう。

悪霊追放のための祭り「オゴオゴ」。

桜が散ってしまうから心を動かすのに似て、この祭りも、その儚《はかな》さが魅力のよう。

わたしも、ここ、ウブド(Ubud)のオゴオゴの練り歩きを見に行くつもり。

みんなお酒を飲んで騒いで、くたびれきって眠ったら、明日はニュピ(Nyepi)。

明朝6時から明後日6時までの24時間、外出禁止、電気使用禁止、火も使ってはならず、自動車・バイク禁止、違反すると罰金。空港の離発着もなし。外国人ツーリストも外出禁止！

ほとんどのバリ人が断食し瞑想して過ごすそうです。厳しい人は水も飲まずひと言もしゃべらないそう。「dead island」になると言っていた。

24時間、活動の全てを停めて、静かな時間を過ごすことによってバリ島全体を浄化する。そうして、サカ暦の新年を迎える。しかも、明日は、皆既日食！

わたしが生きてる間でこんなことは、もう、なさそうだから、それを知った去年の3月末からこのニュピ体験旅行を計画してきた。

ううぅ、いよいよ、迫ってきました。

(2016年3月9日)

「ラジオフォーラム」から「自由なラジオ」へ

2011年3月11日。東日本大震災・福島第一原子力発電所事故が起きたこの夜に出された「原子力緊急事態宣言」。あの日から5年が経過、6年目を迎えたわたしたちですが、「緊急事態宣言」は解除されないままですから、今もわたしたちは「緊急事態宣言」下に暮らしています。

2016年3月11日。この日はわたしにとっても記念となる一日でした。なんと、敬愛する小出裕章さんとほぼ一日ご一緒していました。3年続いた「ラジオフォーラム」が終了するにあたっての最終回収録。そして、4月1日から始まる新しい番組「自由なラジオLIGHT UP!」の初回収録。

「ラジオフォーラム」では過去にゲストとして呼んでいただき、パーソナリティー・今西憲之さんとトーク。これがご縁でラジオフォーラムが出した本『ラジオは真実を報道できるか――市民が支える「ラジオフォーラム」の挑戦』(岩波書店)の中で小出裕章さんと対談させていただき、載せていただきました。

番組をふたつ収録し終えて、隙間時間があったので収録スタジオから歩いて行ける経産省前テントひろばに移動し、抗議行動に合流しました。寒い寒い中、たくさんの方々が声をあげていました。

「自由なラジオ LIGHT UP!」の初回放送、小出裕章さんとの対談を収録。

テント村の淵上太郎さん、力強いコールの火炎瓶テツさん、福島県双葉町で被災した亀屋幸子さん。この5年のなかで幾度もお会いしているので、すっかり顔見知りだということが、なんだか嬉しい。亀屋さんが胸に掲げているお手製ボードは「これ、もう、8枚目！ ボロボロになるたび作り変えて、もう8枚目よ〜〜。こんなに長くこんなことやるとは思わなかった……」と。

淵上さんとも時間がないから軽く握手して、ハグして。

小出裕章さんがスピーチをされる。どこでどういうスピーチをされても聞く人の胸を打つ小出さん。わたしは「自由なラジオ LIGHT UP!」の告知をさせていただきました。「全くスポンサーなしだから自由な発言ができる。政府の圧力でメディアの萎縮に加速度がついていってるこの時期、スポンサーなしの番組こそ支持してほしい。応援してほしい。小出裕章さんの声を継続して伝えていく場を失いたくない」と。

そして、地下鉄で霞ケ関から新宿へ移動。この日の朝、バリ島から成田に戻ったわたしの財布はまだ旅行用なのでPASMOがない。切符販売機でモタモタモタモタモタ。広〜くて深〜い霞ケ関駅構内で丸ノ内線がわからずモタモタ。新宿で降りてからどの出口でどうしたらいいか……。もう、モタモタするのはやめて(笑)、よくご存知の小出さんについて行くことにした。

それにしても、新宿・歌舞伎町。すごい！　すごい！　強烈なネオン、看板、呼び込み、ＢＧＭ。やっと、イベント会場「新宿ロフトプラスワン」へ。

「自由なラジオ　ＬＩＧＨＴ ＵＰ！」の番組ホームページの立ち上げ、この記念日（２０１６年３月11日）にするべく頑張ってくださった大塚さやかさんのおかげで間に合いました。

この番組、関わっているどの人も「小出裕章さんの声を届けたい」「真実を届けたい」という思いで参加しています。スポンサーなし、ゼロです。あはは、勇気があるでしょう。

これを読んでくださっているあなたも、ぜひ参加して、「こうしたら」「ああしたら」をお寄せください。パーソナリティーは、今西憲之さん、西谷文和さん、矢野宏さんに加えて新しく、おしどりマコ・ケンさん、詩人のアーサー・ビナードさん、そして、わたしが加わりました。もちろん、小出裕章さんもご出演くださいます。

伸びやかな「自由なラジオ」になりますように。

ここから何かが生まれていきますように。

（２０１６年３月16日）

NO NUKES DAY

２０１６年３月26日——NO NUKES DAY。

「原発のない未来へ！　──つながろう福島！　守ろういのち！　3・26全国大集会」＠代々木公園。3万5000人が参加した大きな集会で、司会させていただきました。

いろんな方がスピーチをされ、いろんなことが起きました。

オープニングコンサートで「ＮＡＭＢＡ69」というロックバンドが演奏してくれたのですが、英語の歌が続くことに不満を感じた作家・澤地久枝さんがステージの袖に上がり音響スタッフとバンドスタッフに提案しました。「英語の歌ばっかりじゃ心がひとつにならない」「ここにいるみんなが一緒に唄える歌はありませんか？」。言われた方は困惑。短い時間を効果的に使う工夫をしてきたプログラムですし、いきなり練習もしていない曲を演奏したくもないでしょう。

気を利かせたスタッフがわたしに間に入るよう言いに来て、わたしは澤地さんを説得に行きました。「時間が限られてることですし、今回は無理ですが次回への提案として届けます」と。

演奏終わりで音響機材すべてをステージ上から撤収、しかもできる限り短時間で、という進行なので「この場所は危険ですから下に移動しましょう」と言うと、澤地さん「わかっています」。毅然とおっしゃいました。

澤地さんの真っ直ぐなお気持ちはわかるし、でも、言われた方の「今、僕ら演奏中なんですよ、勘弁してくださいよ」って気持ちもわかる。

このハプニングはいろんなことを教えてくれました。わたしたち日本人には、みんなが一緒に唄える歌がない。

例えば米国人が唄う「We Shall Overcome」。フランス人がデモや集会で唄う「On Lâche Rien（あきらめない）」。２０１４年９月30日、豪雨の中、深夜２時まで抗議した香港の学生たちの唄声。確かに「うさぎ追いし彼の山、小鮒釣りし彼の川～」や、「夕焼け小焼けの赤とんぼ～」はどなたもが唄えるし心がつながれる歌だけれど、抗議集会には合わない。難しい。

集会は、「首都圏反原発連合」のミサオ・レッドウルフさんの主催者挨拶から始まり、スピーチが続いていきました。

澤地久枝さん、鎌田慧さん、佐藤和良さん（福島原発刑事訴訟支援団）、吉田明子さん（FoE Japan「電力自由化について」）、ジャンナ・フィロメンコさん（チェルノブイリ原発事故被災者でベラルーシから来てくださった）、中村嘉孝さん（原水爆禁止愛媛県協議会事務局長）、宮下正一さん（原子力発電に反対する福井県民会議。「もんじゅは絶対に絶対に動かしてはいけない！」と強く強くおっしゃっていた）、村上達也さん（脱原発をめざす首長会議・元東海村村長）。

「2016. 3. 26 NO NUKES DAY」

それから、3月12日の福島での抗議集会の後、14日間かけてこの集会まで抗議デモや集会を続けてやって来てくれたフクシマ連帯キャラバンのみなさん。

そして、そして、この方、沖縄から来てくださった山城《やましろ》博治《ひろじ》さん（沖縄平和運動センター議長）。山城さんは、唄って

脱原発　動いた私を励まそう
事故まで無関心だった「責任はゼロじゃない」
木内みどりさん
自分の評価は自分でする

わたしを取材した『朝日新聞』記事（2016年3月16日付）。

くださった。迫力があった。3万5000人の心がつながった。歌詞を知らなくてもみんな唄っていた。いつの間にかステージ上のみんなが肩を組んでリズムよく右に左に揺れる。会場の方々も両手を広げ右に左に揺れている。

その歌は、1968年5月13日にパリで80万人ともいわれる人々がデモをした「五月革命」で唄われたもの。この「美しき五月のパリ」という歌に日本語の歌詞をつけて加藤登紀子さんが唄ってヒットしました。それを山城さんが沖縄・辺野古での抗議に合わせた歌詞に替えたのだそうです。

歌詞は「沖縄の未来《みち》は沖縄が拓く　戦世《いくさゆ》を拒み、平和に生きるため（中略）辺野古の海を守り抜くために　圧政迫るが、立ち止まりはしない　今こそ立ち上がろう　今こそ奮い立とう」。「辺野古の海」や「沖縄」をその時々の場所の名前に変化させていけばいいんじゃないかしら。この歌は唄っても唄わなくても体を揺らしたりできるし、隣の人と肩を組んだりもできる。調子がよくて元気が出る。

『朝日新聞』3月16日朝刊にわたしについての取材記事が掲載されました。「脱原発」「反体制」の人物をこの大きさで載せるのは異例、朝日新聞やるじゃないかという反応が多かったとききました。読んでみてください。

（2016年3月30日）

未来を変えるのはいま

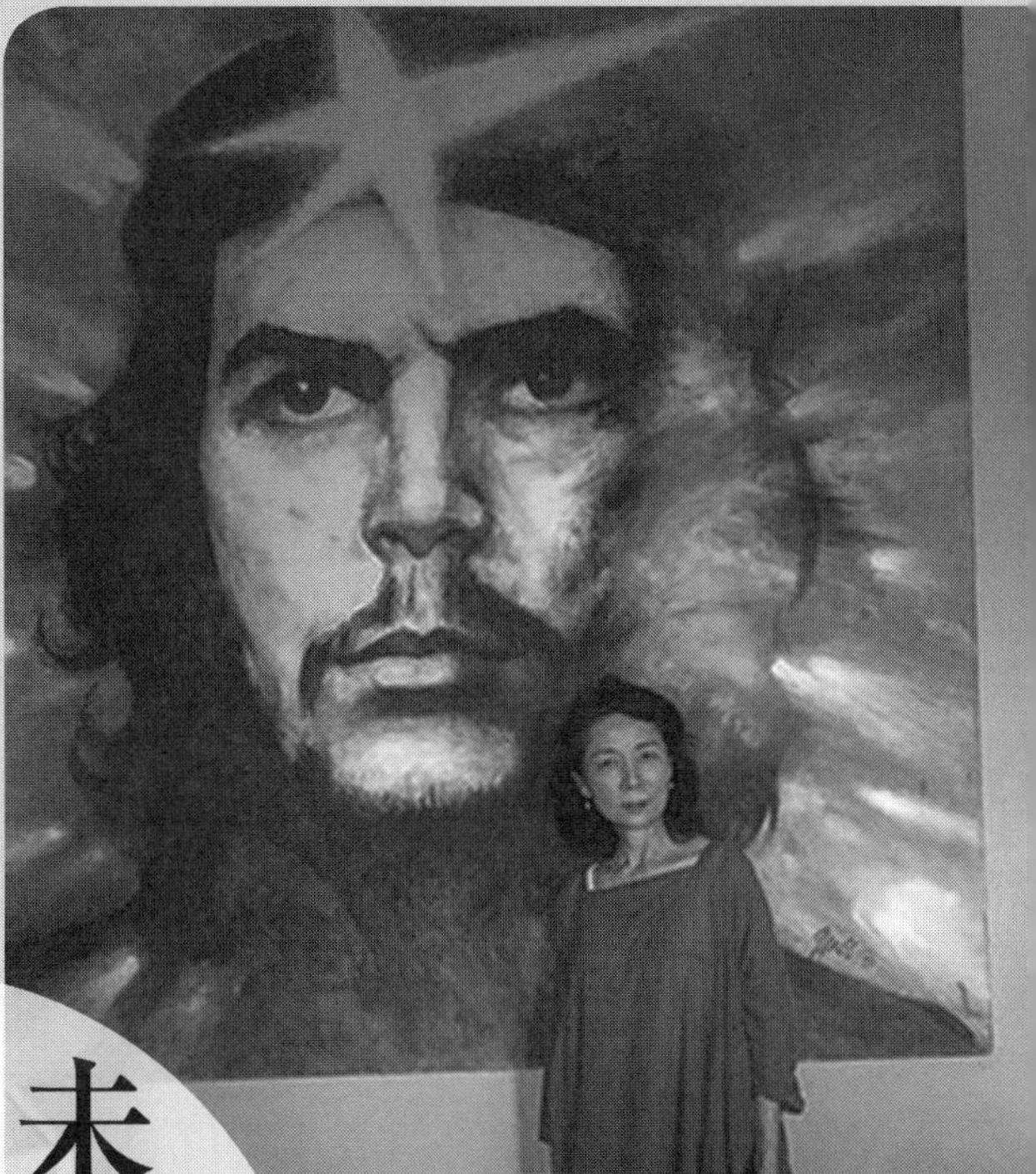

キューバのチェ・ゲバラ邸前で
（2016年9月）

2016年7〜11月

本気で生きている「美しさ」

「マガジン9」でのわたしのコラム「木内みどりの「発熱中!」」、書くのをサボりまくっていました。すみません。3月30日にアップされた「NO NUKES DAY」(167ページ)がラスト、ってことは、3カ月ちょっと、間が空いてしまいました。

まぁ、いろんなことがありますものね。ほんとに、ほんとに、どなたさまも目まぐるしい日々をお過ごしだと思います。わたしはわたしにできることを日々続けて日が暮れたら、そこでストップ。何もかもはできないし、変えられないことに腹を立ててもしようがない。まぁね、年を重ねれば重ねるほどに知りたいことが増えて、学びたいことが増えていきます。だから、わたしのデスクは、本とDVDと資料であふれかえっています。

4月から始まった「自由なラジオ LIGHT UP!」、聴いていただけているでしょうか?パーソナリティーは5人とひと組。今西憲之さん、西谷文和さん、矢野宏さん、アーサー・ビナードさん、おしどりマコ・ケンさん、そしてわたし、です。

この5人とひと組が、それぞれお話ししたい方と1時間お話をする。パーソナリティー自身がゲストを決め、その方にお願いし、日程を合わせて、本番収録となります。プロデューサーが決めディレクターの指示の下に進行する他のラジオ番組とはずいぶん違います。
「仕事」としてでなく「どうしてもやりたいこと」としてやっているので、どのパーソナリティーのどの回も、とてもユニークなものとなっています。アーカイブをご覧いただいて、「今日はこれを聴いてみよう」って具合に、聴いてみてください。ご自分の端末から、いつでも何回でも無料で聴けます。わたしは、洗いものをしながら犬の散歩をしながら乗り物の中で……聴いています。

参議院選挙に出馬した三宅洋平さんを、山本太郎さんといっしょに応援。

最近のわたしの回は、作家の落合恵子さんとおしゃべり。ラジオの中で話していますが、落合恵子さんデザインのオーガニックな服が発売されました。作家の澤地久枝さん、作家の渡辺一枝さん、絵本作家の陣崎草子さん、ＳＥＡＬＤｓの谷こころさんと一緒に「モデル」になりました。

そして、参議院議員選挙！

山本太郎さんが全面支援する、東京選挙区に無所属で立候補した三宅洋平さんを応援してきました。「最終日までふたりの声を保たせるため、事務的なことはわたしがしゃべります」と「おしかけＭＣ」をしてきたのでした。

結果、落選でしたが、「選挙フェス」を連日経験して、これまでの選挙の仕方や仕組みのいびつさ不公平さを感じ、自民党の露骨に汚いやり方に悲しくなり、そして、そして、相変わらず「無関心」な人々

「女優　木内みどり」の幟に仰天。

に呆れました。

以下、フェイスブックに書いた日記です。

あははは〜、木内みどり、ガタガタになりました〜。

この９日間、渋谷ハチ公前、立川、新宿西口、池袋西口、新橋ＳＬ広場、秋葉原電気街、品川港南口、新宿東南口、渋谷ハチ公前、品川港南口、家を出たら家に帰るまで座る所がなかったので立ちっぱなし。

でも、やりたいことをやっているので気持ちは充実していたし、たくさんの素敵な方々と知り合いになれたから、それはそれは、うれしい時間なのでした。

が、結果。結果。

現実の結果に直面して、がっかりするとか気落ちするなんてことは一切なかったけれど、多くの無関心な人々への「呆れた」想いは深く深く。

これからの自分の生き方の方向、自分に与えられてる時間をどう過ごしたいか、はっきり自覚できました。小さい頃からのわたしの自我、……本当のことが知りたい……。

わたしの「腹の虫」が歳を重ねるのに比例して本気になってくれちゃうことを、もう、あっさり認めることにしました。

余裕のない生活をしている人たちこそが他者にやさしい、そんなみんなとかけがえのない時間を過ごし、年齢性別、育った背景、現在の暮らしの状況などと関係なくつながれた、お互いをとても貴重な存在と大切に思った。

三宅洋平さんと、山本太郎さん。本気で生きているふたりの「美しさ」に惚れ惚れとした時間、でした、これからも、一層、ふたりを応援していきたいです。

わがまま勝手なわたしを許し、応援までしてくれた、夫と娘に感謝。ありがとね。

秋葉原で、「女優 木内みどり」という幟《のぼり》が登場！ それを見て仰天。すぐにやめて、絶対にやめてとお願いして取り下げてもらいました。

幟が人の目に触れたのは多分、30分なかったと思うので、あははは、愉快な記録として載せちゃいますです。笑えるでしょ。

（2016年7月13日）

参院選終わって都知事選

みなさま、お元気でしょうか。参議院議員選挙、おつかれさまでした。

この人を国会に送りたい！ と思い応援しました三宅洋平さん、25万票で落選。

が、めげてはいません。コツコツコツコツ信じる道を歩くのみ。と、息つく暇なく休む暇なく展開している、都知事選。7月31日、投票日、20時過ぎたら開票。
現在（7月25日夕方）の状況。

過去最多の21人が立候補した東京都知事選（31日投開票）について、朝日新聞社は23、24の両日、都内の有権者に電話調査し、取材で得た情報とあわせて情勢を探った。元防衛相の小池百合子氏が優勢で、元総務相の増田寛也氏が追っている。ジャーナリストの鳥越俊太郎氏は苦戦している。投票態度を明らかにしていない人は4割おり、情勢は変わる可能性がある。
投票態度を明らかにした人を分析したところ、前自民党衆院議員の小池氏は、党に出していた推薦依頼を取り下げて立候補したが、自民支持層の5割強の支持を得て、無党派層も5割弱を取り込む。年代別では、30、40代と60代の支持の厚さが目立つ。

（『朝日新聞』7月25日配信）

と、こう報道されているのですが、どうなのでしょうか？
だって、この調査とは

〈調査方法〉23、24の両日、コンピューターで無作為に作成した固定電話番号に調査員が電話をかけるRDD方式で、東京都内の有権者を対象に調査した。有権者がいる世帯と判明した番号は2572件、有効回答は1606人。回答率は62%。

固定電話があって、それに出られる2572人にかけて、回答してくれた人は1606人……というのだけれど、こんな調査でどの候補が優勢かなんて報道しないでほしい。

だって、わたしの家にだって固定電話はあるけれど使わないし、たまにかかってきてもお墓とかマンション、証券会社のお誘いばかりでうるさいから、電話機そのものを棚の引き出しに隠し入れているくらいです。

「固定電話」にかかってきた「知り合いでもない人」と話した人1606人を、東京都民の有権者、1127万人の代表としないでほしい。

東京都の有権者数は、1127万4080人(2016年7月13日時点)。半数が投票に行ったとして563万人。創価学会の公式会員数は全国で827万世帯。そのうち有権者がどれだけ東京にいるのかわかりませんが、創価学会の方々で公明党に批判的な人が増え続けているようですし、小池百合子候補への嫌悪を表明されている方も多いし……。どの候補が優勢か、現実にどうなのかは開票してみなくてはわからない。

なんとしても「小池百合子都知事」や「増田寛也都知事」誕生にならないように。じりじりする、落ち着かない時間を過ごしています。

(2016年7月27日)

ダルトン・トランボの生きざまを知る

参議院議員選挙に続けての、都知事選。あぁ〜〜と気が遠のくような結果でした。が、どなたを応援したにしろ結果は、ひとつ。まぁ、しばらくは気分転換しましょ。

映画観ています。『帰ってきたヒトラー』『シチズンフォー スノーデンの暴露』『トランボ ハリウッドに最も嫌われた男』。

米国の映画脚本家であり映画監督のダルトン・トランボ。わたしはこの10年近く、いやもっと長い時間、追いかけてきた人で、あちこちの資料を読んでから彼の作品である映画を観て、また、関連の資料を読んでから映画を観て、を繰り返してきました。ダルトン・トランボの実際の人生を詳しく知れば知るほど、トランボが彼の作品、『ローマの休日』『黒い牡牛』『スパルタカス』『脱獄』『ジョニーは戦場に行った』『ダラスの熱い日』『パピヨン』に、密かに潜ませたものがわかるようになってくるという、独特の楽しみがあるのでした。

そしてユーチューブで観られる当時の「公聴会」の様子。

どれほど圧力をかけられても逆境に追い込まれても権力に屈しないダルトン・トランボ。しかし映画『トランボ ハリウッドに最も嫌われた男』を観てちょっと悔しい気持ちがありました。10年以上コツコツコツコツ、トランボを追いかけてきたことがこの映画を観れば、ほとんどわかってしまう。まぁね、ひとりコツコツ調べたりすることが好きなんですけどね。

ひとつの魅力に惹きつけられると次なるひとつの魅力がそれに連なって、また次のひとつが連なって、また、次のひとつが。

しばし、娯楽時間を楽しむことにします。

（2016年8月4日）

ただいまチェ・ゲバラに「発熱中！」

キューバに行ってきました。

31歳のチェ・ゲバラと33歳のフィデル・カストロが起こしたキューバ革命。米国支配からの独立を果たした若きふたりの成功の秘密はなんだったのか。八方ふさがりで戦争へと突き進みそうな危機的状況のこのわたしたちの国で、キューバのように米国支配から独立することはできるのか。10日ほどかけてたくさん勉強してから行きました。

映像では『フィデル・カストロ×キューバ革命』『モーターサイクル・ダイアリーズ』『チェ・ゲバラ 伝説になった英雄』『チェ・ゲバラ 革命への道』『コマンダンテ』（フィデル・カストロへの30時間インタビュー）、『チェ 39歳 別れの手紙』、書籍では『革命戦争回顧録』（チェ・ゲバラ、平岡緑訳、中

空港係員の事務所の壁にチェ・ゲバラの写真。

公文庫）……そしてそして、ユーチューブで観られるたくさんの記録映像も。キューバ革命のアウトラインは押さえた（つもり）。

東京・成田空港からカナダ・トロントへ。2時間半のトランジットの後、いよいよ、キューバ・ハバナへ。ほとんど一日かけて、やっと、着きました。

飛行機を降りて、通路を歩いて、階段を下りて、イミグレーションを通って、荷物カウンターへ。ところが、ところが、荷物が出てこない。30分経っても1時間経っても出てこない。1時間半経っても出てこない。なんなの、どうしたっていうの？

係員の事務所の開けっ放しにしたドアの向こう、壁にチェ・ゲバラの写真が掛かっていることに気がついた。あの、有名な有名な写真。世界中のどこの国でも若い男性が憧れる、あの写真。この写真を目にした時から帰るまで、キューバに滞在した7泊8日の時間で、いったいどれだけの「ゲバラ写真」を見たことでしょう。

ま、見飽きないんですけどね。

はい、荷物は、2時間くらいしてからやっと、当たり前のように出てきました。待たせたことへのお詫びもインフォメーションも一切、なし。「サービス」の感覚が違う、そう、ここは社会主義国なのでした。

社会主義。教育と医療は無料！　食料も無料に近い値段で配給される、みんな配給カードを持っていて、配給が実施される日にカードを持って行って受け取ってくる。今日は鶏肉の配給、明後日はパンの配給って具合に。

年齢やら妊婦さんとかいろんな状態に合わせて、それぞれ配給の質や量が違うのだそうです。通訳してくれていた方の配給カードを見せてもらいました。

バスの運転をしてくれた人が、お兄さんの農場を見学させてくれました。130町歩あるという広大な土地で、兄弟親戚一族が補い合って農作業。実に豊か。米国と国交断絶していた間に有機農業を徹底させてきたので、どこも無農薬。一番大切なのは農業。だから、お医者さんより農家の方が、遥かに収入がいいそうです。

8名のグループで動いていたので、お昼ご飯と夜ご飯は毎回、大きなテーブルでセットメニュー。3回、民営のレストランに行きましたが、それ以外は全て国営のレストラン。どこにでもいて、各テーブルに向かって演奏するミュージシャンたちも、国家公務員。

革命博物館。ここは2日も3日もかけてゆっくり観たかったけれど、わたしがいられたのは3時間半。ガイドしてくれる人に予《あらかじ》めお願いしたのは「グランマ号で上陸後、籠《こも》ったシエラ・マエストラ（マエストラ山脈）での期間、続いてゲリラ戦に突入して「バチスタ政権」を倒し政府を転覆させハバナに凱旋するまでのチェとフィデル（キューバの方々はそう呼びます）のことを知りたいので、そう意

ゲバラたちがラジオ放送した機械。

識してガイドしてください」。

思わず歓喜の声を上げてしまったのは、ラジオを放送した機械。彼らが作り放送した番組の名前が「RadioRebelde」！　わたしがこの4月からパーソナリティーをしているのが「自由なラジオ」。

辞書によると「rebelde」は「反乱」という意味で、「自由な」は「libertad」。正確にはちょっと違うけれど、意味したいことはほとんど同じ。同じことを志し、同じことを目指していた彼らをかつて生きていた人として実感でき、うれしかった。

革命広場。１９５９年1月1日、この広場で革命の勝利を喜んだ民衆は１００万人という。「その時のキューバの人口はどのくらい？」と質問したら「６００万人」との返事。全人口６００万人のうち、子どもや家から出られない病気や怪我の人、お年寄りなどをのぞいたら、きっと大人の4分の1くらいの人が集まったのではないかと。つまり人口の25％。

これが日本だったら？　２０１３年の統計では人口は1億２７３０万人、その25％だと、約３１８２万人。３１８２万人が「原発反対！」「戦争反対！」「主権は国民！」と立ち上がったら、日本を変えられる。どうしたらいいの……。

ずるい者が勝ち、嘘つきが勝ちのこの世界を変えたいと思う人は、人口の25%はいると思う。このままでは息苦しい希望のない国になる……と気がついている人は、25%はいると思う。

だから、立ち上がろう！　楽しむだけの人生をちょっと横に置いて、主権を国民の手に取り戻すまでは、立ち上がろう！　と、こう書いていくと「あなた大袈裟ね、本気でそんなことを考えてるの?」と呆れた顔も見えてくるけれど、わたしは本気なんです。本気で思っています。

今までのように集会にも行きます。署名もします。選挙の応援にも行きます。生きている間は自分のできることを続けていきたいと思っています。わたしだってチェ・ゲバラの側で生きているって誇りを持てるように。

革命広場に立って。

わたしの「ゲバラ熱」を知った通訳のミゲル・バヨナ・アブレウトさんが「みどりさん、わたしが紹介できるから会ってみたら……」と言ってくれました。

1959年7月25日、ゲバラが広島を訪問した時、キューバの日本視察団の団長がチェ・ゲバラで、副団長はオマール・フェルナンデス(Omar Felnández)という人。現在、93歳でお元気だという。

ミゲルさん自身が革命当時14歳の少年ながら、革命分子として騒動の中で殴られたり命の危険を感じたりしたこともあったそう。当時の話などご本人に会って聞ける……とは、いきませんでした。翌日の帰国予定は変更できなかったのです。

9月15日に帰国して、その1週間後の22日「さようなら原発 さようなら戦争」の集会に参加していました。ご一緒していた澤地久枝さん、わたしがキューバ帰りと聞いて、「木内さん、次にキューバに行く時は連れていってください。わたし、キューバには行きたいの」とおっしゃいました。86歳の澤地さんが、です。権力に徹底的に抗うことを決めている「本気の人」はカッコいい。しびれました。澤地さんもチェ・ゲバラの側の人です。

通訳のミゲルさん。

集会の後、アーサー・ビナードさんと話しこんだ文化放送報道部の鈴木敏夫さんも筋金入りのゲバラファンとわかり、近々「ゲバラについて語り合う晩ごはん」をすることになっています。わたくし、ただいま「チェ・ゲバラ」に「発熱中！」。

（2016年9月28日）

週刊新潮さま、おかげさまで

『週刊新潮』（11月10日神帰月増大号）に、わたしのことが書かれた記事が載りました。タイトルは、「脱原発のマドンナ「木内みどり」が「市民運動ってなんて面倒くさいのっ！」」。

原稿チェックもなしで、いきなり誌面に掲載……という乱暴さに驚きましたし、どこから引っ張ってきたのか、わたしの写真入りですし、「脱原発のマドンナ」というレッテル貼りには、ゲンナリしました。

記者さんの取材に2時間近く答えて、掲載されたのが、これです。

「週刊誌」なのだから速いスピードで事が運ぶのは当たり前か、と無知な自分に気づきましたが、でも、やはり一応の原稿チェックはさせてほしいものと腹がたちました。やりきれないムシャクシャした気分でいたら、「取材御礼」と書かれた銀座ウエストの洋菓子「リーフパイ」が届きました。家人が受け取ってしまったのです。いつもは好きなリーフパイですが食べる気にはなれません。

週刊新潮は、取材した人には「御礼」として、どなたにでも銀座ウエストのリーフパイ・36枚入り5000円を送るのでしょうか？　これも乱暴なやり方です。

週刊新潮、嫌いになりました。

夫の水野誠一が、「身内」が「週刊誌」に書かれたのですから、一応の見解としてフェイスブックにこう書きました。

昨日発売の『週刊新潮』に、みどりの取材記事が載った。タイトルは「脱原発のマドンナ「木内みどり」が「市民運動ってなんて面倒くさいのっ！」」。

脱原発のマドンナ「木内みどり」が
市民運動ってなんて面倒くさいのっ！

週刊新潮さま、おかげさまで。

びっくりされた向きもあるかもしれないので、身内として少々長文ながら解説をしよう。事の発端は、彼女が四年間にわたってやってきた、「さようなら原発　1000万人アクション」での司会を直前になって降りてほしいと言われたことだ。

まちがってほしくないのは、彼女は完全にボランティアでやってきたので、仕事を降ろされて怪しからんと言っているわけではない。むしろ、その代わりにスピーチをしてくれと言われたことに、戸惑いを感じたと言った方が良いだろう。

彼女の信念は、「何事も自分のできること、自分の得意なことで貢献する」ということであり、それは司会という役割であって、原発の是非について語るだけの知見も意見も持たないから、スピーチをすることは自分にとってふさわしい役割ではない、と思っているのだ。

そもそも、僕が2001年の静岡知事選に、東海地震の前に浜岡原発を停炉したい、と訴えて出馬した時に、応援してくれた彼女は、原発の危険性を全く理解しておらず、「あなたが原発のことに触れると、聴衆が皆引いてしまうから、空港反対だけを訴えた方がいいわよ」と言っていたくらいだった。それだけに、3・11が起きた時は、「あの時あなたが言っていた原発の危険性がようやくわかった」と、深い反省を語っていた。

そんな経緯もあり、彼女が3・11の原発事故で居ても立っても居られない思いで、密かに単身で参加したデモ行進がきっかけだったが、結果、世話人でもある鎌田慧氏に司会を頼まれてすべてが始まった。

さすがプロの、しかもウィットと魂のこもった語りかけに、多くの絶賛や、考えられないほどのカンパが集まったり、呼びかけ人の澤地久枝さん、落合恵子さん、大江健三郎さんたちからも、高い評価と感謝の声をいただき、彼女もやり甲斐のあるボランティア活動として張り切っていたわけだし、相変わらずシュプレヒコールとデモだけに頼る古い手法に、色々な提案を出したりもしていた。

だが、この集会、幾つかの団体が共同で行うものであるため、彼女がずっと司会をすることにおもしろくない人々も当然居たはずだ。前にも一度、数万人が集まった集会の時に、突然途中から違う人が司会をするということを告げられたりもしたことがあったらしい。

僕としては、それを信じて集会を続けている人のやりかたを変えることは原発を止めること以上に難しいのだから、そこに深入りせずに、「我々は、それぞれ出来ることをして、原発の廃止を目指そう」と、日頃から語っていただけに、よいきっかけになったと思っている。

どんなに崇高な活動でも、三人以上の人が集まれば、主導権争いや意見の相違が生じるのが人間の性というもの。市民運動に限らず、政治でも、経済においても、人間社会って面倒くさいものなのだ。

わたし自身は「市民運動」をしているなどと思ったことは一度もありません。

ただ、原発、原子力発電は危険過ぎるからイヤ、今すぐにでも全部の原子炉を停めて廃炉に向かってほしいと思い、自分にできることをしているだけなのです。

だから、この『週刊新潮』の記事の書き方は大いに不満です。

これをきっかけに自覚したことは、「原発はイヤだ」から、「原発的な考え方・感じ方・生き方がイヤなんだ」ということ。

週刊新潮さま、おかげさまで「自分」をよりはっきりさせることができました。

残り少ない人生、これからも「原発的な」ものにははっきりと「ＮＯ！」と言える自分でいたい。


（２０１６年11月９日）

反逆は終わらない

写真撮影：林田 聡

2017年6月
~2018年1月

まだ、できることはある！

みなさま、改めまして、木内みどりでございます。

文章を書くことが好きで、この「マガジン9」にて「木内みどりの「発熱中！」」と題するコラムを書かせていただいておりました。

が、この「マガジン9」があちこち改装して新装開店されるそうで、力足らずの「コラムニスト」木内みどりはクビを切られる寸前でございました。が、担当者様に嘆願いたしましたところ、なんとか、新装となった店内に小さい居場所をいただけることとなりました。ありがとうございます。

題は以前と同じ「木内みどりの「発熱中！」」とさせていただきます。心身にある「熱」を何よりたいせつに常に発熱していたい、との想いからでございます。この生きにくい状況の中、難や不快をすり抜け、快や希望を道標に歩む。それはアクロバットのようにはいかず、時には足がもつれ腕はよじれるかも知れません。滑稽《こっけい》な恥ずかしい姿にもなることでしょう。が、正直に素直に自分の足で立って歩いていきたいと思っています。

２０１４年９月の第１回目から、２０１６年11月まで載せていただいたコラム約40本は、わたしにとってはありがたい記録です。

今日、ここから始まる「木内みどりの「発熱中！」」は、読んでくださる方々にとって何の価値もない記録となりそうではありますが、嘘や狡猾《こうかつ》な手口にあふれているこの世の中を生き抜く上でちょっとくたびれた時や、心細い時、悲しいことがあった時などに、「ふと、気が緩む」「肩の凝りがちょっとほぐれた」なんてことになってくれますよう祈って、愛の熱をこめて書いていきます。


どうか、どうか、「木内みどりの「発熱中！」」よろしく、お願い申し上げます～～。


わたしも66歳。そろそろ、何ができて何ができなくなっているのか。限りある人生の終幕近くになって、自分はいったいどこに向かおうとしているのか、どうおしまいにしたいのかはっきりさせたくなってきています。

「いかに生きていくのか」よりも「いかに死んでいくのか」というわけです。

無自覚に集めてしまった衣服・靴・バッグ・アクセサリーなどモノの整理だけでなく、本や雑誌、写真アルバム、スクラップ帳とともに想い出や友人・知人までをも整理する時に差し掛かっています。

昨日、わたしは、パーソナリティーのひとりとして参加しているウェブ・ラジオ「自由なラジオＬＩＧＨＴ ＵＰ！」の収録でお招きしたゲストの作家・下重暁子《しもじゅうあきこ》さんと1時間お話ししました。

ご著書『家族という病』（幻冬舎新書）が70万部に迫る勢いのベストセラーになっています。「家族」という「病」、なるほど……という視線ですよね。どこのどなただって、実は、人に言えない家族との問題を抱え苦しんでいる……。それも解決策が見つからないままもつれ固まり、もう無視を決めこんでいる。下重さんにご自身のご家族のことも赤裸々に「家族という病」の実際をたくさん語っていただきました。

おもしろいことに、と言うと不謹慎！　っと絡まれそうですが、「家族という病」に激した金美齢《きんびれい》という方が食ってかかるように出版された本があります。その名も『家族という名のクスリ』（PHP研究所）。どちらに共感されるでしょうか？

イヤイヤ、あなたねぇ、そんな2冊を提示されても読む時間も気力もないよ、と思ったあなた、はい、そうですよね。時間も気力もない、ですよね。わたしもね、このごろほんとに、フラついているのです。

「2011年3月11日以降、わたしの人生は変わりました」「無自覚だったわたしにも、事故を防げなかった責任が、何百万分の一にしろ、責任がある」と言って、自分にできることをしてきました。署名・寄付・抗議デモ・抗議集会、そのうち、司会や発言もするようになり「活動家」なんて言われることもあるようになりました。

が、この5年、6年、何を繰り返しても、どれほど熱をこめて抗議しても届かない。変わらない。それどころか、相手の狡猾さ卑怯さは加速度がついて強大になっていく。もう、共謀罪が法律化される寸前の今、傷つき疲労して、無力感、脱力感で寝込みたいほど。きっと、どなたも同じように傷つき疲弊されていると思います。

が、しかし、が、しかし、まだできることはある。

明日（6月12日）の夜、親しい演劇人、俳優・女優の友人、舞台関係者などが集まって、何ができるか、何が有効か、きっと最後の「抗い」になるかも知れないができることをしようと緊急会議をします。

7月19日と20日、『引き返せない夏』と題して、「非戦を選ぶ演劇人の会」としてピースリーディングを上演します。朗読劇「9人いる！ 憲法9条と沖縄２０１７」「「反戦」落書きのススメ」「戦場イラクからのメール」、スペシャルトーク（7月19日）「高遠菜穂子×小西誠×志葉《しば》玲《れい》」。わたしも参加しています。

映画『ふたりの旅路』にも出演しております。

月に1回のこのコラム、次回、アップされる時には、果たしてどうなっているでしょうか。

安倍政権を倒したいっ！

（２０１７年6月14日）

アベさんに×

今年のお正月、1月1日。

おせち料理とお雑煮の新しい一年最初の朝食を済ませ、家族でのんびり、年賀状を前におしゃべりしていました。ふと、娘が「ねぇ、お母さん、鳥の絵を描いてみて」。

テーブル上の年賀状には、今年の干支「トリ」があふれています。いろんな写真、プロのイラスト、本人が描いたらしいイラスト、様々です。娘がわたしに「描いて」と言うのには訳があります。わたしは全く絵を描きません。小さい、きっと4歳くらいの頃、りんごを描いていて、それを見た兄が「おまえ、それ、りんごのつもりか」と言いました。身体が、一瞬、ピクッとした感じをよく覚えています。それ以来、わたしは絵を描かなくなりました。

学校の図画は苦手、夏休みの宿題とかで提出する絵は母に描いてもらっていました。絵を見るのは好きな方で美術館にもよく行きますし、幾人かの画家の友だちもいて、家には何枚かの絵が飾ってあります。が、わたし自身は描きませんし描けません。

数年前、スタンダード・プードルとトイ・プードルを飼っていた時期、ネットで犬たちのレインコートやセーターなどを注文するのに書き入れなければいけない数字、首回り、胴回り、頭から尾までの長さなどをわかるように、大きい犬と小さい犬の絵を描いてそれぞれの数字を書き入れた、そういうイラスト・メモを壁に貼っていました。ある時、その絵を見つけた娘が大笑い。「なにっ、これ〜〜」と笑い転げています。昔々、兄が言った言葉「それ、りんごのつもりか」と同じ反応です。

が、娘のその反応はわたしにはうれしいものでした。あまりに下手な絵の、その下手ぶりが好きだと娘は喜んでいるのです。が、それからもただの一回も絵を描きませんでした。で、今年のお正月、いろんなイラストや写真の鳥を見て、娘が「鳥の絵を描いて」と言いだしたのです。

「いいわよぉ」とボールペンでさらさらと「鳥」を描きました。

娘は爆笑でした。「あのさ、鳥って足は2本だよ」。確かにわたしの「鳥」には足が4本。今度はわたしが大笑い。ついさっきまでいろいろな鳥を見ていたのに、今までの人生の中でもいろいろな鳥を見てきているのに、わたしが描いた「鳥」は足が4本！

4本足の鳥？

足が4本に喜んじゃった娘が「毎日描いて、笑いたいから」と熱心に言うので、毎日1枚描くことにしました。そう決めると、今まで自分はいったい何を見ていたんだろうという考えが自分の中に降りてきて、鳥がいるとじっと見入り、猫がいればじっと見入り、犬がいればじっと見入り……と「見る」ことが楽しくなっていきました。

毎日1枚、ハガキに描いてツイッターに載せます。それを見た娘の反応がうれしく、見知らぬ人の反応も楽しく、猫、マスク、ボールペン、指先、犬、眼鏡と

アベさんに×。

身近な物を描いていきました。そのうち、ネットにある写真から何かしら響く人物の写真をもらってきて描く、人物も描くようになりました。上手いとか下手ってなんなのだろう。

描いてる時間がとてもいい、静かにひとり集中している時間。「それ、りんごのつもりか」の瞬間に封じこめてしまった感性を少しずつ温めていくような、そんな時間。「毎日1枚ツイッターに」が習慣化していきます。

ひと月ふた月、いろんな反応があります。「毎日、楽しみにしています」「100日目まで、あとちょっと」「うぁっ、進歩した！」「365日達成を見届けます！」。毎日書きこまれる言葉に励まされて描き続けていて、ある時から、パリに住む著名な画家さんがメッセージをくださるようになりました。

「描くことは視ることです」「底が抜けるってことがあるんですね。突然、絵が生き生きとそれまでの型を破って顕れましたね」「いろんな画材を使ってみることで可能性に目覚めるし自分に合った「技法」を見つけるのに役立ちます。続けてください」「お、何かが始まったような……」「絵ってやっぱりいいですね。描いてる穏やかな時間が筆を置いた瞬間結晶します」

そして、気づきました。描きたくなる人物は、何かに逆らってる人、抗ってる人、疑っている人。そして、やさしい可愛いやわらかい人。

絵を描くことは自分を整理することでもあるようです。ふとアベさんを描いてバツ印をつけたくなってきた。ついに176日目に、実行。右半分にあのお顔を描いて左半分に大きくバツ印。ピンクの色で勢いよく×を描いた。うぅぅ、気にいってる一枚。

今日は2017年7月10日で、190日目です。365日、達成できるでしょうか?

（2017年7月12日）

引き返せない夏

先日の7月19日と20日、わたしはまた、政府に逆らうことに参加してきました。

「非戦を選ぶ演劇人の会　ピースリーディング『引き返せない夏』」

ピースリーディング、朗読劇です。

「9人いる!　憲法9条と沖縄2017」(作・演出　宮城康博)、「「反戦」落書きのススメ」「戦場イラクからのメール」(作・演出　坂手洋二)、この3作をリーディングしました。

参加した俳優は24名。所属も思想信条も様々ですが「戦争だけは絶対にNO!」という旗のもとに集まった役者さんばかりです。出演ということでチラシに名前が載っているのに現実には参加しなかった方もいて、もしかしたら所属事務所から何か言われた?　とも思われました。「俳優やタレントは宗教と政治に関して発言などしない方がいい」という暗黙の了解は、今も、はっきり根強くあると思います。

　もともと政治のことを詳しく理解していないわたしですが、それでも、2011年3月11日以降、「この国は国民に本当のことを教えない」「この国は国民を守ってはくれない」ことに気づきました。大手新聞も国営放送も民放も、メディア全体が大きな力に支配されていて、真実など教えてはくれないのだと。

「事実が知りたい……」。知りたがり屋のわたしは動きはじめました。知りたい情報はどこのどこにあるのか。「たね蒔きジャーナル」「ＩＷＪ」「Our Planet-TV」「ラジオフォーラム」「デモクラＴＶ」「ビデオニュース・ドットコム」「吉田照美　飛べ！　サルバドール」、これらの番組をｉＰｈｏｎｅに落として繰り返し聴いてきました。小出裕章さん、神保哲生《じんぼうてつお》さん、宮台真司さん、岩上安身さん、孫崎享《うける》さん、矢部宏治さん、アーサー・ビナードさん、永田浩三さん、この方々を追っかけるようにして聴き続けています。

　聴いていて知らなかったことは、その言葉をチェック、調べて調べて調べる。だから、毎日の学習時間は増していくばかり。16歳、高校1年で学校をやめて役者になってからの空白を埋めていくかのように「学習」することが楽しくて楽しくて。朗読の中で知った事実、自分が読んだフレーズに身体が反応して驚きました。

　例えば、「少しも報道されないけれど、沖縄から派遣された海兵隊員がファルージャ住民虐殺の主役なの。三分の二が沖縄から出撃してるの。オジイ・オバアが海岸で、海上基地建設を阻止する座り込み闘争を始めている……。日本でファルージャにいちばん近いのは辺野古のオジイ・オバアだとわたしは思う」。

そして、このセリフ「3人の無事救出に全力を挙げる。日本でできることは最大限するって小泉さんは言うけれど、「撤退する理由がない」「テロリストの卑劣な脅しに乗ってはいけない」って、これ、つまり見殺しにしても仕方がないってことでしょ」。

客席には、上演後にアフタートークされるゲストの高遠菜穂子さんがいるのです。2004年、イラク日本人人質事件で人質となった、あの高遠菜穂子さんが。書かれてあることを声にし、表現するのが、この場でのわたしの役割で、ただ読めばいいのですが、これはとても緊張することでした。わたし自身が問われると感じてしまって、いやむしろ、自分が自分に冷たく問い、観察しているそんな感じ(うまく言葉にできない)。

今日、矢部宏治さんから連絡をいただきました。それぞれがベストセラーになった『本当は憲法より大切な「日米地位協定入門」』(前泊博盛編著、創元社)、『日本はなぜ、「基地」と「原発」を止められないのか』『日本はなぜ、「戦争ができる国」になったのか』(いずれも矢部宏治、講談社+α文庫)に続いて、『知ってはいけない　隠された日本支配の構造』(矢部宏治、講談社現代新書)という本が、8月中旬に発売決定したとのこと。

日本は実は独立国ではなく、米政府との密約に縛られている。たとえ総理といえど「日米地位協定」のシナリオ通り動いている。先の3冊どれもが「目から鱗!」の連続でしたが、今回の『知っ

第2章「日本の国土は、すべて米軍の治外法権下にある」

第3章「日本に国境はない」

矢部宏治『知ってはいけない』（講談社現代新書）より、ぼうごなつこさんの漫画。

てはいけない 隠された日本支配の構造』も驚きの連続。ぼうごなつこさんが描いた漫画が実にわかりやすくて「3分で日本の闇がわかる」というフレーズにも納得。漫画を載せてもいいと許可をいただきましたので、ご覧ください。

昨日、ルポルタージュ作家・鎌田慧さんからいただいたメールにこう書いてありました。

「暑いですね。まだ、沖縄です。辺野古の埋め立て工事は中断しています。――市民バスは県庁前から朝5時出発です。4時起きで行きます。反逆老人は死ぬまでがんばるんです」

鎌田さん、なんて、カッコいい！

「安倍はやめろ！」コールにブチキ

レた、あのソーリが嘘に嘘を重ねている国会での質疑、うんざりですが、悪口言ったり、うんざりしている時間はもったいない。やっぱり、自分にできることをしっかり、ひとつひとつ。信頼・敬愛する「反逆者」たちと一緒に、2017年「引き返せない夏」も自分らしく「発熱」していたい。

（2017年8月2日）

ババアは反逆児

右翼の街宣車。まぁ、なんて汚い声でなんて酷い言葉を使うこと。「そこのババア、何立ってんだよぉ〜」「ババアは黙ってろ！」

国会前での「アベ政治を許さない」スタンディング。毎月3日午後1時きっかりに国会前に「立つ」。2015年11月3日、作家・澤地久枝さんの提唱によって始まったこの抗議にわたしは可能な限り参加してきました。

2017年9月3日は暑くなく寒くなく快適な快晴、でした。午後1時、時報のカウントと同時に「アベ政治を許さなぁい！」と声を上げていきます。初めからはっきりしていた澤地さんのコンセプト――沈黙。コールをする場合でもマイクを使わない、大声を出さない、「有名人」のスピーチなどナシ。みんなに知ってほしいから話したいという人は誰でも話してよい。

国会前で「アベ政治を許さない」。

午後1時に始めて1時半で終わり。

参加者は年配の方がほとんどで、60代、70代、80代。70%が女性、30%が男性。お世辞にも上手とは言えないコールや手作り抗議グッズ、例えば「アベ政治を許さない」と書いた布を被せた透明ビニール傘、白い団扇《うちわ》に「アベ政治を許さない」の文字とアベ氏の顔イラストなども、お世辞にも素敵とは言えない素人の手作りのもの。わたしはこういうところが好きなんです。

無理せず自分のできる範囲で権力者に抗議する意思があることを表明する。心では同じことを考えていますとか、同じ考えですと言ってるだけじゃなく、それを外に表すことが大切。それは自分の頭で考え、自分の言葉で話し、自分の足で立つということ。これができていない人が多くいる、と思う。

「アベ政治を許さな〜〜ぁい！」。声を上げ始めてすぐに、右翼の街宣車が現れました。先頭の1台に続いて8台くらい、国会前の信号を無視して交差点内に停車し汚い声でわたしたちを罵《ののし》り始めました。それぞれの車がマイクを通して言いたい放題。麹町署の警備の方が街宣車の人と言葉を交わしていましたが、彼らはまったく動じません。

「そんなとこで突っ立ってたって、何にも変わりゃしね〜〜んだよ、このボケ！」

「ババアは家帰って孫の世話でもしてろっ」

時々、手下の若者が「そーだ、そーだ」と合いの手を入れるのが間抜けで笑ってしまいます。「ババア」「ババア」と繰り返します。こちらには「ジジイ」もいるんですけど「ババア」の連呼。よっぽどお母さんとの関係が良くなかったのかしら、自分のお母さんへの恨みつらみをこちらへ投げつけているようでふと、可哀想にも思いました。

こちらの「ババア」の反撃つぶやき。

「そうだよ、ババアだからできるんだよ。ヒマだからできんの。できること、やってんの」

「そこから降りてきなさいよ。ひとりでこっち来てもの言いなさい。それもできないクセに」

もちろん相手に聞こえない範囲でつぶやいているのが、おかしくておかしくて。

最近のツイッターには「ライブ」という機能が付いているので、その機能を使って中継してみました。

渡辺一枝さんと反戦・反原発などの抗議の場でお見かけする女性。

9月3日は澤地久枝さんのお誕生日。87歳！　澤地さんはアナーキーでカッコいい。

ここで、もうおふたりを紹介したい。反逆児。作家・渡辺一枝さんとお名前を知らないけれどこの五、六年、反戦・反原発・反政府・反安倍などの抗議の場でいつもお見かけする女性。反骨の人。気骨ある女性。いつもいつも、ひとりで行動されている。

「ババア」だけれどね、右翼のお兄ちゃんやおっさん、この方たちはあんたたちなんかよりよっぽど肝が据わってる「反逆児」なんざんすよ、っつう〜の。

（2017年9月6日）

あなたには居場所がありますか?

『ゴンドラ』って映画をご存知でしょうか? 不思議な映画なのです。

30年前、伊藤智生という28歳の映画監督志望の青年が、自分が制作準備している映画の主人公「かがりちゃん」のお母さん役で出演してほしいと会いに来てくれました。熱心に口説いてくれるその話を聞き、すでにできていた脚本をもらってミーティングを終えてから、わたし、静かに本気で考えました。

当時のマネージャーやスタッフは全員、出演に反対。その理由は、監督が全く経験のない無名の映画青年であるということ、スタッフもほとんどが20代の経験のない人ばかり、ギャラは極端に少ない、たくさんのレギュラー番組を抱えていたのでスケジュール調整も大変、なんのメリットもなくリスクは高すぎると。

それと、問題は、裸のシーン。小さい頃から「棒切れ」のように貧弱な体のわたし。人さまにお見せできる裸じゃないことはわたし自身がいちばんよく知っています。

でも、でも、わたしは引き受けました。

伊藤智生さんの「熱」を信じたのです。映画の「内容」に口を出されるのは嫌だからと、費用は全額、彼自身が調達という、ほんとの自主制作だというその覚悟！

裸も必要な要素でしたから気にしないことにしました。世の中、豊満な女性ばかりではないのだし、シャワーを浴びている姿をあちこち隠すアングルでの撮影でごまかすなんて、その方がみっともないし、恥ずかしい。裸でシャワーというまったく無防備な状態の母親だからこそ11歳の娘は全身で抵抗・反逆できるというシーンなのです。

映画『ゴンドラ』撮影時のスナップより(写真提供：Team「ゴンドラ」)。

苦難・苦労続きの撮影が終了し、編集が済み、映画は無事に、完成。

試写を見た方々の感想は、新鮮、センスがいい、世界を捉える感覚が好き……と、好評でした。

テアトル新宿で公開されると、さらに、いろいろな批評が出ました。詩人の谷川俊太郎さんは細かい細かい部分を指摘しての素敵な賞賛文を寄せてくださいましたし、あの川喜多かしこさんは、日本以外のところで上映しなさいとアドバイス。当時のパンフレットにはいろんな方の批評、感想、コメントが載っています。

が、この映画、当たりませんでした。一般受けしなかった、ということなのでしょう。伊藤監督は初めての自主制作映画の失敗で多額の借金を負いました。

それから、30年。

伊藤さんはその後、彼の熱心なファンの人に誘われるままにＡＶを撮るようになり、多数の作品を監督することで、借金を返済、いつの間にかＡＶ監督「ＴＯＨＪＩＲＯ」として「伊藤智生」とは別人として有名になっていきました。

一昨年末、ご自分が還暦という節目に、初監督作品『ゴンドラ』のフィルムが退化・劣化する前にデジタル化しようと思いたち、費用をかけて作り直しました。

それを観た人たちは感動しました。30年も経っているのに作品がまったく古くなっていないことに。作品世界の感覚が今こそ通用する、現在の人にこそこの映画を観せたい……という声があがり、自主上映してみると、評判を聞きつけた人が増えて増えて、ついに30年ぶりのリバイバル上映が決定。渋谷ユーロスペースで上映されました。ここが終了する前にポレポレ東中野でも上映が決まりました。

今年、２０１７年2月、ポレポレ東中野で上映されるその初日に、監督とアフタートークしてほしいという話がありました。

うぅ～～、わたし、考えました。

30年も経過してお互いにかなり変化しているから話が噛み合うかどうか、不安でした。だってわたしはＡＶのことを知らないし、彼はＡＶを30年も撮ってきた人なのです。そこで、「現在の伊藤さん」はどんな人なのか知りたくて、リバイバル上映にあたっての考えを話してらっしゃるインタビュー動画を教えてもらい、それを、観ました。

風貌はすっかり別人でしたが、人としては何も変わっていない！　その誠実さ、正直さ、やさしさ……。特に心に響いたのは「AVに出演する女優さんたちは、どこかで傷ついてきた人、居場所がなかった人、「かがりちゃん」なんです」。

初日のアフタートークをすることを決めてから、わたし、提案しました。「せっかく30年ぶりの再会なんだから、客席の皆さんにも楽しんでもらいましょうよ」。当日、伊藤監督とわたし、会場入りの時間をずらして事前に顔を合わさないまま、ステージに登場、再会。予定調和ゼロの緊張した時間でしたが、多くの皆さまにも楽しんでいただけました。

このポレポレ東中野も満席が続き、急遽、キネカ大森でも上映、ここも満席が続き、アップリンク渋谷、続いて下北沢トリウッド、それから地方へ……と続いています。もちろん、全て、ミニシアター。大手シネコンの映画とはまったく別の世界のことではありますが、観た観客の「熱」が違います。

今日現在（2017年10月9日）、再上映している下北沢トリウッドまで数えると、15もの劇場で33週と5日目。リピーターの人の最高が32回！　同じ映画を32回も観る……。ボクは18回、わたしは12回……と皆さんうれしそうにおっしゃいます。

きのう会った女性は「わたしこれで5回目です」って、恥ずかしそうに打ち明けてくれました。

観てくださる方々の反応が「熱い」のです。

ふと、想い出します。わたしにも32回観た映画があります。ザ・ビートルズの『ビートルズがやって来るヤァ！ヤァ！ヤァ！』。同じビートルズの『ヘルプ！』も18回観ています。初めは16歳の時でそれから繰り返し、幾度も幾度も。あれと同じこと。

その映画の時間に浸っていたい。その感覚の中にいたい。自分の中のその部分を大切にしたい。30年前も今も、居場所が見つからない、自分が立っている場所がしっかりしていないと不安な人は多い。子どもや連れ合いや友だち、両親、親戚、隣人、上司、同僚……人間関係に苦しんでいる人。都市生活に馴染めない、混雑に耐えられない人。誰しもがいろいろな不安を抱えている。30年前よりもっと複雑に。

「アベ政治」でグチャグチャにされてしまったこの国に、さらに「コイケ」恐怖が襲いかかってきている今、わたしたちの不安は深く複雑になってきている。

はたして、10月22日の衆議院選の投票結果はどうなることでしょうか？

わたしたちは、戦争に向かう米軍に隷属の世界で尊厳を保てるのでしょうか。

（2017年10月11日）

『河』と広島

『河』

広島の青春群像。

平和運動の原点を照らす。

四幕。

１９７３年度　小野宮吉戯曲平和賞受賞。

あの名作『河』が29年ぶりに蘇る。２０１７年12月23、24日／全４回公演。@広島市横川シネマ。

画家・四國五郎さんの息子さんである四國光さんから、この演劇の上演があると聞いて、即座に「観たい」とそう思い口走っていた。「こうしたい」「行きたい」「会いたい」「食べたい」と反射的に感じてそのように動いた結果、後悔したということがない。

「～したい直感」は、信頼できる。

観るのは迷わず、ラスト回、12月24日15時からのステージと決めた。ラッキーなことに、チケット完売寸前でなんとか席を確保してもらえた。当日、乗りこんだ新幹線車内で落ち着いて頭を切り替えた。

『河』……。いったいどういう演劇なのか。詩人・峠三吉さんと天才画家・四國五郎さんを中心に活動されていた「反骨」の若者たちの事実を芝居にしたということだけで、詳しい情報は持っていない。

だから、とりあえず、峠三吉『原爆詩集』(岩波文庫)をしっかり読んで客席に座ろうと思い、東京―広島間の新幹線車内で熟読した。この文庫『原爆詩集』で「解説」を書いていらっしゃる詩人のアーサー・ビナードさんが扉にススっと「Arthur Binard アーサー・ビナード」とサインしてくださったもので、わたしの大切にしている一冊。

今までも読んだことはあるけれど、数時間後には舞台上の「峠三吉さん」や「四國五郎さん」を目撃すると思うとグッと現実味を帯びてきて、感じるものが変容していく。

まずは初めのページ。

「序」として書かれた有名な有名な詩。

ちちをかえせ　ははをかえせ
としよりをかえせ
こどもをかえせ

この本はこの詩で始まると知っていた。が、改めて手にして気がついた。この詩集、実は、「序」

の前にこんな短い一文があるのだった。

――一九四五年八月六日、広島に、九日、長崎に投下された原子爆弾によって命を奪われた人、また現在にいたるまで死の恐怖と苦痛にさいなまれつつある人、そして生きている限り憂悶《ゆうもん》と悲しみを消すよしもない人、さらに全世界の原子爆弾を憎悪する人々に捧ぐ。

この一文で、わたしの心はつかまれた。だって「全世界の原子爆弾を憎悪する人々」って、紛れもなくわたしもそのひとりだから。

ちちをかえせ　ははをかえせ
としよりをかえせ
こどもをかえせ

峠三吉さんは出版のあてもない中で、やっと、自費出版にこぎつけたこの時点でもう、後々のわたしのような者までをも心においてこの詩集を「捧げ」られていた……。

読み続けた。

八月六日
死
炎
盲目

目次を書き連ねるようだから遠慮しますが、それでも、書きたい。

墓標
（中略）
呼びかけ
その日はいつか
希い

四國光さんと広島駅で合流して横川シネマへ。
チケット完売の劇場はいつだって独特の「気」に満ちている。スタッフもチケットを扱う方々も席に向かう人々も高揚している。控え室や袖で準備している出演者はさらになお独特の時間を過ごしているはず。

客席でフォトジャーナリスト・那須圭子さんと会いうれしかった。大宅壮一ノンフィクション賞作家・堀川惠子さん、毎日放送プロデューサー・大牟田聡さん、画家・ガタロさん、お隣には四國光さん、幕が開くまでの音楽はバッハの無伴奏チェロソナタ……と、素敵な素敵な時間はもう、始まっている。

やがて、暗くなり『河』が進行していきました。

ほとんどの方が土曜・日曜、仕事のお休みを稽古に当て、パート・パートでの練習。全員揃っての通し稽古は、本番前のゲネプロ1回だったとか。

進行するにつれて、わたしの気分は高揚どころか深く静かに潜っていきました。事実・真実の重みが次から次へとわたしの中に堆積されていく。

長い芝居の途中休憩、10分間。誰とも口をききたくないまま、柔らかい席に埋もれるようにして沈黙するしかなかった。

ふた幕目が始まり、原爆投下された広島の中で大きな権力に逆らい争い抗った人々のその呼吸に自分の呼吸も同調してしまう。舞台上の人々の苦悩がわたしの苦悩になり、悲しみがわたしの悲しみになってしまう。新幹線の席で読みこんできた詩が次から次へと登場、展開していく。

圧巻は、イッちゃん。市河睦子という役をやった中山涼子さんは、普段は時事通信社の記者さんだそう。彼女のおばあさまをモデルにした役をやってみないか、と劇作者の故・土屋清氏夫人であり、主演女優であり、演出家でもある土屋時子さんが誘った時、即、やりたいと思ったそう。

2017年（平成29年）12月9日（土）　13版▲　24

「河」29年ぶり家族ら再演

言論統制下 反核訴えた峠三吉グループ描く劇

原爆詩人の峠三吉（1917〜53）が、終戦4年後に立ち上げた文学サークル「われらの詩の会」は、言論が統制された時代に反核の声を上げ続けた。そんな若者たちの姿を描いた劇「河」が今月23、24の両日、29年ぶりに広島で上演される。出演者らは「今の社会の状況を考えるきっかけにしてほしい」と話している。

作者の妻、脚本再構成

祖母モデルの役に孫

『河』の再演を伝える『朝日新聞』の記事(2017年12月9日付広島版)。

その後、舞台出演の実際がわかり出してからは腰が引けた時期もあったようだけれど、本番を前にして中山涼子さんの心はピタッと治ったのだと思う。

見事だった。完璧だった。神がかっていた。どのセリフもひと言ひと言が全員の心に響いて響いて。客席のあちこちから嗚咽の声さえ聴こえてきた。

素晴らしい時間が流れて「劇」の時間が終わり、拍手喝采の時間がすんでも、わたしは打ち沈んだまま。客席に取り残された気分だった。

誰かと「よかったですね」「素晴らしかったですね」と言い合う気力もなかった。

打ち上げ会場に誘っていただいて参加した。長い長い困難な稽古と準備にみなさん疲れ果てている。けれども、公演の大成功を実感してどの方も弾けて喜びを爆発していらした。そのしあわせな充実感の渦にまきこまれてわたしまで楽しかった。

中山涼子さんに感想を聞かれた。すらすら返事ができた。素晴らしかった。見事だった。

地球すべてが自分のその両の手の中にあるって実感しませんでした？　涼子さんが静かに2度、うなずいた。

これを機に女優さんの道へという話もあるそうですけど、わたしはお勧めしません。今晩のようなことは努力して勝ち取れるものじゃないからです。今後二度とあり得ないようなことが今夜のあなたに起こった、そのことを宝物にして、今のお仕事の中に生かしていくほうがいいと思います。こうして書くとなんてエラそうなことを言いやがるって感じだけれど(笑)、本気の感想でした。制作された池田正彦さん、演出・主演された土屋時子さんに大きな尊敬の拍手を送ります。

翌朝、ひとりで長い散歩をしました。

1945年8月6日朝8時15分、広島中心部に落とされた原子爆弾。72年後の今、歩き回ることで何を感じとれるのか。いつかやってみたかった散歩。

7時30分にホテルを出て歩きはじめました。

相生橋《あいおい》を渡る。みなさん日常の朝を迎えて歩いたり走ったりしている。路面電車やバス、自転車、自動車、または、子犬を連れて散歩中の方も。わたしはこういう光景の中にとけ込んで気ままに歩くのが好きだ。このころ使えるようになったiPhoneでツイッターのライブ配信をしながら歩く。

もうそろそろ8時15分に近いころかなと感じた時に時計台が大きな音を立てる。そうなんだ、広島では毎朝8時15分の時報があるんだ。

元安川を挟んで向こう岸の原爆ドームに向かって、峠三吉さんの詩「八月六日」を朗読した。2時間近く歩いているうち、だんだん腹立たしくなっていった。

昨日見学した原爆資料館では、40年以上見学者に強烈な印象を与えてきた等身大の展示物が２０１７年４月25日に撤去されたと知ったし、『原爆詩集』の峠三吉さんのコーナーがないことにも驚き、原爆や戦争反対のためだけに絵を描いた天才画家・四國五郎さんの絵も詩も一枚も展示されておらず、被爆者のその後10年を記録した写真集『ピカドン』の写真家・福島菊次郎さんの写真も一枚も展示されていないし、コーナーもない！

２００２年８月に開館された国立広島原爆死没者追悼平和祈念館にはさらに驚いた。素晴らしい建築物だけれど、「原爆の惨禍を全世界の人々に知らせ、その体験を後代に継承するための施設」とのことなのに、館内のコンピューターで「四國五郎」「峠三吉」「福島菊次郎」と検索しても何ひとつ出てこなかった。

その一生を「原爆の惨禍を全世界の人々に知らせ」るために生きたこの３人の偉大な人々を無視してるなんて。広島市やこの国はこの大切な３人を歴史から消そうとしている……と書いたら過ぎるでしょうか？

ツイッター・ライブしたので、お時間のある方は観てください（https://www.pscp.tv/w/1jMKgdOZqWYGL）。ただし、30分くらいあります（笑）。ＵＲＬを載せておけば、いつの日か偏屈でへそ曲がりの頑固者、わたしのような人が見てくれる……かもしれないと夢見てお知らせしておきます。

（２０１８年１月10日）

野中広務さんが亡くなった……

今日。2018年1月26日。

野中広務さんが亡くなったというニュースを知った。

淋しい。

友人・辛淑玉さん（スゴちゃん）から一緒にご飯しようと誘われて、野中広務さんと晩ご飯をしたことがあります。野中さんがご馳走してくれることになるのがわかっていたし、前日が野中さんのお誕生日と聞いてもいたので、なにかしら用意したいと思い、散々迷った挙句決めた、パステルカラーのピンクとパープルが素敵にあやなしているネクタイを用意しました。

あるホテルのあるレストランで3人でご飯しました。驚いたことに、いきなり、野中さんからプレゼントをいただきました。京都の脂とり紙、縮緬《ちりめん》の綺麗なケースに入っている上等なものでした。あぁ、ネクタイを用意してきてよかったとホッとしました。野中さんは包みから出して「絶対、自分じゃ買わない色だな」と少し照れながらも胸にあてて喜んでくださいました。

常に背筋がピンとしていて、角張っていて、硬くて、なのに、なのに、やさしい〜〜〜という複雑な印象の方。

ほんとに、楽しい時間でした。

わたしとスゴちゃんとが「長いお勤めご苦労さまでした」「ここからのマッサージは日本国民からのものです」「ここからは未来の子どもからのマッサージです」とか言っては野中さんの肩をマッサージするという時まであって、3人が3人とも楽しく過ごした晩なのでした。

翌朝、野中さんから携帯に電話がありました‼　スゴちゃんから聞いたわたしの携帯に電話してくれたのです。

「昨日は楽しかった。また、やりましょう。月に何度か東京ですから、また、近いうちに。そう、ふふ、今、いただいたネクタイを締めています。このネクタイでこれから京都に帰ります」って。

わたしにとって野中広務さんは本気の日本人で、正義の人で、ブレない人で、徹頭徹尾、反戦。徹頭徹尾、反差別。硬くて硬くて、なのにやさしい〜〜方で、とっても素敵、でした。

野中広務さんと辛淑玉さんの対談本、『差別と日本人』(角川oneテーマ21)。

これ、読んでほしい。わたしと友だちだと思ってくださってる方でしたら、ぜひ、読んでほしい本です。

(2018年1月31日)

みどりさんとともに

山本太郎
小出裕章
水野頌子

本気の僕を本気で応援してくれたみどりさん

山本太郎

みどりさんといつ出会ったのか。なぜか、そのことがまったく思い出せません。

僕は16歳の高校生の時に出演した「天才・たけしの元気が出るテレビ!!」で芸能界デビューすることになったのですが、みどりさんはその番組のレギュラー出演者でした。でも、僕の方はロケで、みどりさんはスタジオでしたから、その時にはお会いしていません。その後も芸能界で活動していくなかで、仕事をご一緒したということもまったくありませんでした。

知らない間に、熱心に僕を応援してくれるみどりさんがいた、という感じです。おそらく、僕が2度目の出馬で当選を果たした2013年7月の参議院議員選挙あたりからではないでしょうか。

みどりさんは、本当に情熱的に応援し続けてくれました。

たとえば、2014年9月、鹿児島県第2区で衆議院議員の補欠選挙がありました。ここに候補者を擁立したのは自民・公明の与党、共産党、民主党でしたが、そこに無所属議員の僕も候補者を立てたのです。ハッキリ言って無謀です。この選挙区は、鹿児島市の一部と奄美群島から成るので、ものすごく広い。普通に考えれば、選挙活動に億単位のお金がかかるはずですが、資金は2000

万円あるかないかぐらい。また鹿児島県自体が、保守の強いところです。どう考えても、勝てるわけがない。

こんな選挙にも、こちらが頼んだわけでもないのに、みどりさんは自腹で応援に来てくれていました。ゲストなら交通費や宿泊代なども、こちらが負担するのが普通です。自腹なんてあり得ない。しかも、ウグイス嬢の役を自ら買って出て選挙カーにも同乗してマイクを握り、候補者と一日中、選挙区をまわってくれた。選挙期間中、何度もそんなことをしてくれたことをよく覚えています。

２０１６年７月の参院選の東京選挙区にも、山本太郎推薦の無所属で候補者を擁立しました。その時にも、昼と夜に開催される選挙フェスで、すべて司会を引き受けてくれました。みどりさんぐらいの女優さんでしたら、ワンステージのギャラは２００万円はくだらないでしょう。でも、みどりさんは全部ボランティアでやってくれました。そのほかにも、僕の支援者が行う小規模な集会などでも、マイクを握って司会をしてくれたことも、たくさんあります。

しかも、みどりさんのすごいところは、選挙フェスでの司会など「表」の仕事だけでなく、「裏」の仕事でも支えてくれたことです。

前述のように、２０１６年の参院選に無所属で候補者を擁立した際、考え方の違いから事務所のメンバーが２人辞めてしまいました。そのことを聞いたみどりさんは、勝手に秘書を探しはじめたんです。いくらなんでも、秘書探しまでやるなんて。こちらに何の相談もなくです。

僕のために食事会をセッティングして、おいしいものをご馳走してくれながら、ご自身や夫の水野誠一さんの人脈で識者まで呼んでくれる。みどりさんは「秘書、どうするの？　そういう話をするために、この場をもうけたのよ」と。ジャーナリストや政治関係者などから参考意見をうかがったり、あるいは、実際にある政党の秘書業をやっている人なども紹介してくれました。

こちらには、そこまでみどりさんにお世話になるつもりはなかったのですが、とことん面倒をみてくれるのです。

市民運動関係の新年会や忘年会に僕が顔を出すと、そんな場でも偶然、みどりさんに遭遇することが何度もありました。みどりさん、こんなところにも。

でも、そんな時、僕はみどりさんを見つけると、ドキッとするんですよ。というのは、みどりさんは僕を見つけると必ず大きな声で「みなさ〜ん、山本太郎が来ましたよ〜」と、そこにいる人たちにお知らせするんです。そして、「太郎さん、こっち、こっち！」と僕をその場にいるみんなの見えるところに引っ張り出して、すかさず「太郎さん、一言！」とアピール・タイムを強制的につくってくれる。

僕は基本的に人見知りの性格で、普通の政治家のように、いつでもどこでも話したい、アピールしたいというタイプではないんです。自分の心の中でジャンプしなければ、人前で話すことは簡単にはできない。

だから、こんな場でみどりさんに会うと、これから起こることが目に浮かぶので、できれば見つからないように、と思うんですが、どうやっても見つかってしまう。

あるいは、芸能人や作家など著名人との交流の場で、みどりさんと居合わせると、みどりさんが必ずやることがあります。そこにいる人に片っ端から「あなた、選挙に出なさいよ」と声をかけはじめるんです。山本太郎のところから立候補して、いっしょに闘え、と。

相手が嫌がろうが口説き続ける。最終的に、相手は「だったら、みどりさん、あなたが選挙に出ればいいじゃない」と言うのですが、みどりさんはきっぱりと「私は出ないわよ」と答えるんです。自分は出ないという立場を守りつつ、その場にいるほとんどすべての人に「選挙に出ろ」と圧力をかける。強烈でしたね。そして、とことん自由な方でした。


日本では、芸能人は政治に関わっているというだけで、マイナスのイメージで受けとめられてしまいます。芸能人にとって、〝おいしい仕事〟であるコマーシャルなどで起用されなくなる。映画やドラマなども、ひとつのスポンサーから嫌われただけで外されてしまいます。

実際、僕も反原発など政治的な発言をするようになってから、ドラマのキャスティングから外されたことがあります。また僕が政治家になって以降、ある女優さんは、積極的に自分の考えを発言しはじめましたが、事務所の社長から「そんなことばかり言っているなら、引退して政治家になれ」と言われたということも聞いています。日本の芸能界が、政治的な行動をタブーにしているということは、まぎれもない事実です。

海外では、表現者として政治的な発言も行うのが当たり前とされていますが、そうした「当たり前」がこの国ではいっさい通用しません。限りなく無色に近い自分を表現し続けなければ、芸能人としては生きていけないのです。

そんな日本にあって、みどりさんは臆することなく、踏み込みすぎるぐらいに、政治活動に関わってきた。全力で僕の活動を応援し続けてくれた。

その日の選挙の応援が終わると「じゃあ、次はいつ来ればいい？」と聞いてくださる。「いや、みどりさんも忙しいでしょうから」と答えても、「何を言っているのよ。太郎さんを応援するために空けているんだから」と平然とおっしゃる。

みどりさんにとってもリスクを冒してのことだったと思うし、本当に申し訳ないという思いも強くありました。応援してもらいながら、そのことがずっと心に引っかかっていたのも事実です。

でも、これは僕にとっての〝七不思議〟のひとつなのですが、みどりさんは、こんなにも政治的な行動に踏み込んでいるのに、芸能界から干された気配がまったくないんです。実際、反原発運動に身を投じてからも、みどりさんをＮＨＫのドラマなどで何度となく観ています。なぜなんでしょうか。結局は、人によるんですかね。

みどりさんは、力のある本当にすばらしい女優でしたから、築き上げてきたものがありました。そこは、僕とは圧倒的に違います。そして、業界の人も含めて、多くの人に愛されていたことが大きかったのでしょう。

もっとも、政治に関わらなければ、もっと女優としての仕事ができていた可能性はあったのでしょうか。でも、どんな状況にあっても、自分らしさをとことん突き詰めて、言うべきことは言う、やりたいことは全部やるのよ、というのが木内みどりでしたから。みどりさん自身は、ぶれずに、まったく変わらずに、自らの信じるところに突き進んでいたのだと思います。


みどりさんからは、ものすごく深い愛情をたくさんもらいました。いい意味での〝おせっかい焼き〟。僕の人生で出会った人の中で、まちがいなくトップクラスの〝おせっかい焼き〟です。

ここまで僕に愛情をくれたのは、僕が本気で行動していることを理解して、共感してくれたからなんだと思います。僕は芸能界で食い詰めて、政治の世界に入っていったわけではありません。本気で、世の中を変えたいと思って、政治の世界に飛び込んでいった。

みどりさんからは、僕の政治活動について「こうしなさい」と言われたこともないし、「こんなことをしていてはダメ」と指摘されたこともありません。もし、僕が少しでも間違った行動をしていたら、遠慮せずストレートに指摘してくれる人だったはずです。

僕の国会での活動なども見て、僕の思いを理解してくれて、本気で応援し続けてくれたものと思っています。

そんなみどりさんが突然、亡くなられた。信じられませんでした。

あの時、仕事の合間に携帯電話が鳴った。発信者を確認すると「木内みどり」とあります。選挙に応援に来てくれたあと、あまりやりとりできていなかったこともあり、「あっ、みどりさんや」とよろこんで電話に出ました。

すると、みどりさんではない方の声で「山本太郎さんの携帯電話でよろしいですか？」と訊ねてきた。この時点で、「もしかしたら……」という悪い予感が起きました。だって、あり得ないことではないですか。声の主は娘の頌子《しょうこ》さんで、みどりさんが亡くなったことを知らせてくれました。

信じられない……。でも、娘さんがそう言っているのだから、事実以外の何ものでもありません。心は深く沈みました。だけど、自分の中では、みどりさんが亡くなったということを認めたくなかったので、しばらく会わないだけだと思うことに決めました。いずれ自分も命が尽きた時には、みどりさんに会えることだし。「みどりさんにしばらく会っていないなあ」と思いつつ、人生を終えればよいと。

年が明けて、2020年2月13日、みどりさんのお別れ会に、僕は遅れて出席しました。しばらく会わないだけだと思い続けていたのですが、会場に飾られたみどりさんの写真や数々の遺品を見ているうちに、こみ上げてくるものを感じずにはいられませんでした。

すると会場のスタッフの方から、ぜひスピーチをしてほしいと依頼されました。その時、気持ちはとても重かったです。自分の番がまわってきてスピーチをはじめたら、涙がとまらなくなりました。しばらく会わないという設定で乗り切ろうとしていたのに、みどりさんがいないという現実を正面から受け止めざるを得ない状況に置かれたからです。亡くなったんだ、もういないんだ――。スピーチを終えたら、会場にいた知人から言われました。「あなたは遅れてきたから知らないだろうけど、この会は涙を流すようなものではなく、笑って明るくみどりさんを語る会にしようと、会の冒頭にアナウンスがあったんだよ」と。確かに、この会の名称も「お別れ会」ではなく「木内みどりさんを語りあう会」でした。

僕は知らなかったので、場の空気を変えるスピーチをしてしまい、申し訳なかったと思いましたが、でもどうしても気持ちが抑えられなかったのです。

みどりさんは、自分のペースでやりたいことをやり抜いた。風のように現れて、風のように去っていった。あまりにもさびしいけれど、でも駆け抜けていったんだと思います。

僕はみどりさんからあまりにも大きなものをいただいたと認識しています。それは、簡単に返せるようなものではありません。人生をかけて、みどりさんに恩返しをしていかなければならないと思っています。

そして、その恩返しとは、世の中を変えるということだと考えています。誰もが不安のない社会へと変えていくことです。そんな社会をどうすれば実現できるか。そのキーワードは「木内みどり化」だと思います。世の中全体を「木内みどり化」していくことです。

「大人なのに、そんなに自由でいいんですか？」というのが、「木内みどり」という人だったと思うのです。子どもの感性を持ち続けて、大人になったのが、みどりさん。

日本社会では、大人になるということは、空気を読むことだったり、みんなと歩調を合わせることだったり、要するに、自らを型にはめて人と違わないようになることです。そんな世の中だから、息苦しい。

だから日本社会を、みどりさんのようにしがらみもなく自由で、そして自分の思いに誠実な大人があふれる世の中に変えなければいけない。そうすれば、子どもたちも希望がもてる。そんな世の中には、原発だってないだろうし、ブラック労働だって、ハラスメントだって存在しない。

逆の見方をすれば、みどりさんのような大人があふれたら、統治する側にとってはとても迷惑です。言いたいことを口にする、間違っていると思うことには、正直に間違っていると指摘する。そういう人たちはコントロールが難しい。でも、だからこそ、一人ひとりが尊重される民主主義も成立するのではないでしょうか。

僕は、生きているだけで人間として価値が認められる社会、生きているだけでみんなが幸せを感じられる社会を本気でつくりたいと思っています。そのためのキーワードは「日本、木内みどり化計画」しかない。そんな未来を夢見て。

（れいわ新選組代表）

みどりさん、もう会えないけれど

小出裕章

生ある者、死は必然

私事から始まって恐縮ですが、私は昨年(2019年)70歳になりました。60歳の還暦を過ぎれば、あとは余分な生だと思っていましたが、すでに10年が経ってしまいました。その私の70年の人生で一番苦しく、辛かったのは、子どもをひとり失ったことでした。私は太郎、次郎、三四郎と3人の子どもを迎えましたが、そのうちの次郎が先天的な障害を持って生まれ、わずか半年で逝ってしまいました。命というもののあまりの不条理に愕然《がくぜん》としましたが、その時、死は常に生の隣にあることを私は知りました。生ある者、死は必然。死は悲しむべきものではなく、ただ受け入れるべきものだと、深く心に刻みました。

それ以降、父、母、ごくごく親しい友人たちを何人も送りました。でも、いつも、それらの人々がそれまで生きてくれたことに感謝し、悲しんではいけないと自分に言い聞かせてきました。

フクシマ事故の衝撃

私は2015年3月まで京都大学原子炉実験所で働いていました。特に原子力発電所の安全性に懸念を持ち、大きな事故が起きる前に原子力発電所を廃絶したいと思いながら仕事をしていました。

しかし、残念ながら、私の願いは叶えられませんでした。2011年3月11日、東北地方太平洋沖地震が発生し、その地震とそれによって引き起こされた津波に襲われ、東京電力福島第一原子力発電所が破局的事故に追い込まれました。膨大な放射性物質が環境に放出され、政府は原子力緊急事態宣言を発令しました。そして、10万人を超える人たちが生活を根こそぎ破壊され、流浪化しました。

避難区域内に取り残され、救助の手が得られないままその場で亡くなった人もいました。双葉病院などでは、過酷な避難を強いられた患者たちが死んでいきました。牛や馬などたくさんの家畜が棄てられて死んでいきました。ペットの犬や猫も棄てられて死んでいきました。それだけではありません。法治国家として法律を守るなら「放射線管理区域」に指定して人々の立ち入りを禁じなければならない場所に、数百万人もの人たちが国の政策として棄民にされました。

事故からすでに9年が過ぎました。でも、事故当日発令された「原子力緊急事態宣言」はいまだに解除できないままです。そして、ほとんどの日本人はそのことすら忘れさせられてしまっています。

日本では原子力は「国策民営」と言われ、国が大本になって旗を振りました。その周りには電力会社、巨大原子力産業、ゼネコン、中小零細企業、マスコミ、教育が集まり、一体となって原子力は安全だと言ってきました。原発を押し付けられようとし、巨大な力に押しつぶされそうになった住民は、裁判にすがりました。しかし、司法は、原発は行政の専門技術的裁量だとして、住民を切り捨て、原子力の推進に加担しました。彼らは時に「原子力ムラ」と呼ばれてきました。でも、フクシマ事故が起こり、原発は安全ではなく、「原子力ムラ」が言ってきたことが嘘だったことが事実として示されました。

一方に膨大な被害と被害者が存在しています。では加害者は誰なのでしょう。もちろん東京電力は直接的な加害者です。でも、国策民営として原子力の旗を振ってきた国こそが最大の加害者・犯罪者です。そして、「原子力安全神話」を子どもたちに教え込んできた教育現場も、大々的に宣伝してきたマスコミも加害者です。

それにもかかわらず、「原子力安全神話」を振りまいてきたそれら加害者の誰一人として責任を取っていませんし、取ろうともしていません。東京電力の会長ほか3名が刑事責任を問われましたが、昨年9月に出された判決では、原発に対して絶対的な安全など求められていなかったとして、裁判所は彼らに無罪を言い渡しました。もともと「原子力ムラ」の一角を担ってきた司法ですので、身内に無罪を言い渡したことを私は不思議だとは思いません。でも、原子力を進めてきた人たちは全員犯罪者だと私は思います。そのため、私は彼らを「原子力ムラ」ではなく「原子力マフィア」と呼ぶようになりました。

騙された者の責任と、まっすぐに駆け抜けて行ったみどりさん

「原子力マフィア」は巨大な権力組織で、先の戦争の時の構図とよく似ています。先の戦争の時、ほとんどの国民が戦争に協力しました。もちろん、巨大な権力に抵抗することは容易でなく、しぶしぶ協力せざるを得なかった人もいました。でも、自分が優秀な日本人だと思えば思うほど、積極的に戦争に協力し、少しでも非協力的な人がいると、非国民というレッテルを張って弾圧しました。そして、当然のごとく戦争に負けた時、今度はほとんどの国民が自分は騙されていたのだと言い訳しました。

国を中心にする巨大な「原子力マフィア」が一体となって「原子力安全神話」を流したのですから、多くの日本人が騙されたとしても無理のないことだったと思います。でも、問題は騙された人には騙された責任があるということです。騙されたのだから責任がないというのなら、また騙されることになるだけです。

みどりさんはそのことに気づいてくれました。そして、気づいて以降は、彼女ができることは何でもするとして、原子力を廃絶させるために全力を傾けてくれました。芸能界では政治的な発言をすることはタブーで、特に権力を批判するような発言をすれば、それだけですぐに仕事を干されてしまうという世界です。でも、みどりさんはそんなことは一向に気にせず、思ったことをきちんと発信し、行動しました。そして、まっすぐに全力で、彼女の生を駆け抜けていきました。

あまりに見事な逝き方

「人が死ぬ確率は……１００％」。みどりさんがよく言っていました。そうであれば、選び取れるのは、どのように死ぬかということだけです。多くの人は、生きている間は元気にやりたいことをやり、死ぬ時はぽっくりと死にたいと思っているのではないでしょうか？　かく言う私もそうです。みどりさんは、実に見事に、そのように逝ってしまいました。

娘さんの頌子さんから、みどりさんの死を知らせる電話を受け、私は受話器を握ったまま絶句し、言葉を失いました。生きている者、死は必然などと言いながら、みどりさんの死は私にとってあまりにも突然でした。

みどりさんとは、反原発、脱原発の集会でたびたびお会いしました。多くの場合は、みどりさんが司会を務めてくれていました。主催者や登壇者の行動、発言は時としてみどりさんを傷つけるものでした。私から見ていても痛々しく見えたことが何度もあります。それでも、みどりさんは投げ出すことなく、引き受けた仕事を担い続けました。集会後の懇親会で何度もご一緒しました。少人数の集まりもありました。時にはみどりさんと私のふたりで飲みに行ったこともありました。

みどりさんは私の映画の先生でした。みどりさん自身が出演した映画も含め、たくさんの優れた映画を私に教えてくれました。ダルトン・トランボさんが自らの反戦小説を脚本・監督して映画化した『ジョニーは戦場へ行った』を教えてくれ、その時代の背景を教えてくれたのもみどりさんでした。

水野誠一さんを含め、一介の原子力の専門家である私では到底めぐり合えないような方々、芸術家、作家、画家、映画監督、政治家、ジャーナリスト、社会運動家……、みどりさんがたくさんの素敵な人たちを私に引き合わせてくれました。けれども、みどりさんは逝ってしまいました。

でも、仕方がないのでしょう。みどりさんは曲がったことが大嫌いでした。ずるい人が得するような社会は嫌だと言っていました。みどりさんがお手本を示してくれたように、私は私なりに、自分の責任を果たしていこうと思います。その先に、ぽっくりと死ねるのであれば、私にとっては嬉しいことです。そういう死は残された者に深いとまどいと傷を残すことを知りましたが、死とはこういうものなのだと、改めて実感しました。悲しいですが、受け入れるしかありません。

みどりさん、もう会えないのですね。もう集会でご一緒することができなくなりました。みどりさんお気に入りのバーで、カウンターに並んで座って話をすることもできなくなりました。これが死、別れというものなのでしょう。でも、めぐり合えたことに感謝します。みどりさん、いてくれてありがとうございました。


（元京都大学原子炉実験所助教）

みどりさん、またね。

水野頌子

みどりさんが亡くなってから、みどりさんのことをもっと好きになりました。
みどりさんの死後、それまでは身内ならではの気恥ずかしさで素通りしてきたみどりさんの文章を読みラジオを聞いて、出演作を観て、大勢の方と話をして、さまざまな「みどりさん」に触れてきました。そのたびに私の中のみどりさんがどんどん鮮明に、立体的になっていきましたが、どんな視点から見た「みどりさん」であっても、その人は、私が自分の母として知るみどりさんとまったく同じ、自由で大胆で純粋で清潔な存在でした。誰に対しても同じ顔と心を見せ、正直と不器用の境目にいつも姿勢よく立っていたみどりさんを、母としてというよりひとりの人として、心から尊敬するようになりました。

みどりさんが亡くなってもう数カ月が経ちますが、当初想像していたほど悲しみに暮れることはなく、むしろ何事もなかったかのような、たまたましばらくみどりさんと会っていないだけかのような、不思議な感覚でいます。そのことが、みどりさんの死にまだ実感を持てていないからなのか、とっくに理解が及んでいるからなのかは、自分でも判断がつきません。ただ「みどりさんと会えなくなってからこんなに時間が経ってしまった」ではなく「つぎにみどりさんと会える日がこんなに近づいた」と日々感じていることは確かで、やけに前向きなこの死生観にみどりさんの血脈を感じています。

みどりさんと私はとても気が合って、どちらからともなく誘いあっては、ふたりでいろいろなところへ行き、いろいろなものごとを一緒に見聞きして、たくさんの会話をしてきました。私たちの話題は、あの本は読んだほうがいいとか、あの映画が面白そうだとか、つぎの旅行はあの国にしようとか、楽しいことばかりでした。

別々に体験したできごともお互いにおもしろおかしく共有しては、くだらない感想を述べあってけらけら笑いあっていました。「あなたと話すのがいちばん楽しいわ」と、ことあるごとにみどりさんが言うので、私はいつも調子に乗って「そうでしょう、よかったね」と答えていました。本当は私も同じ気持ちでした。

だからもちろん、つぎにみどりさんに会えるときには、離れて過ごしているこの時間の楽しかったことをありったけ報告しあうつもりです。その日を楽しみにしていれば、これからも悲しみすぎずに生活していけるような気がします。きっとみどりさんも同じ予定を立ててくれていることでしょう。

みどりさんが亡くなった3日後に、みどりさんのツイッターに訃報を載せました。私が作った文言を父や関係者に事前に確認してもらってのツイートでしたが、最後の「またね。✨」だけは、誰にも言わずに投稿しました。

実は、本書のタイトルにもなったこの言葉は、私がひとりで出歩くようになった小学1年生のころからずっと、大学生になっても社会人になっても実家を出ても、半日の外出でも1カ月の旅行でも、みどりさんと別れるときには必ず交わしていた挨拶です。死を恐れるどころかどこか歓迎してさえいたようなみどりさんには、死ぬときだって明るく「またね」と言ってほしくて、私からもそう言いたくて、そして、本当に絶対にまた会うんだと思って、衝動的に投稿したのでした。「みどりさん、またね」と反応してくださる方がいらしたことが、あの日、とても心強かったです。

みどりさん、いままでありがとう。ひとまずおつかれさまでした。でもこれからもよろしくね。

またね！

（長女）

おわりに――いまもどこかで「発熱中！」

水野誠一

31年間私の伴侶だった木内みどりが、2019年11月18日未明に、旅先の広島で他界しました。国立広島原爆死没者追悼平和祈念館で朗読の収録後、宿泊先のホテルで急性心臓死によって永眠してしまったのです。

1週間ほど前には娘と出かけたオーストリア、ハンガリーの旅から戻り、前日まで元気一杯だっただけに、亡くなったとの一報をもらった時は、一瞬心臓が止まるほど驚きましたが、同時に「やはりそうだったのか……」という不思議な納得感がありました。

というのも、直感力の鋭い彼女は10年くらい前から、死というものは誰にとってもすぐ傍《そば》にあることを自覚していたと同時に、自分の寿命もそう長くはないかもしれないと予感していた様子が感じられました。

広島に駆けつけた私と娘の頌子は、相談の結果、日頃からみどりが語っていた希望どおりに、家族ふたりだけで送ることにしました。

しかしあまりにも急な別れだっただけに、我々の気持ちが落ち着くにはそれなりの時間がかかりました。みどりと共に敬愛していたダライ・ラマ法王の教えに従い、輪廻転生ができるようになるまでの49日間、心の中で静かに祈りました。

みどりは、2011年3月11日の東日本大震災によって福島原発が大事故を起こしたことをきっかけに、大きく「生き方」を変えました。

この事故で露呈した東京電力のいい加減な経営体質、行政の不誠実さ、真実から目を背けさせるマスコミの欺瞞、すなわち日本という国家が抱く問題の数々に気づき、それに対して怒りを「発熱」し始めたのです。

一方で、暮らしの「断捨離」を始めたのも、震災から1カ月後の都知事選の日(2011年4月10日)に、遺言めいた「書き置き」を密かに残していたのも、全て原発事故が原因だったようです。

その「書き置き」には、死にそうになっても延命治療は不要。死んでも葬式・読経は不要。戒名も墓も不要。葬儀屋が仕切るような行事は一切行わず、家に親しい友人知人だけを招き、美味しいつまみと美味しいお酒、好きな音楽で送ってほしいと書かれていました。

これは私の縁戚でもあった白洲次郎の遺言「葬式無用。戒名不要」に影響を受けたのかもしれませんが、自らも常識的な延命や葬儀を拒否するしっかりした死生観を持っていました。

そもそもみどりが福島原発事故から、かくも大きなショックを受けたのには、本人も本書冒頭のインタビューで語っているとおり、ハッキリした理由がありました。

それは震災の10年前、２００１年7月に行われた静岡県知事選に、私が浜岡原発の運転停止を訴えて出馬したことに起因するものです。

当時、参議院議員だった私が懸念していたのが、ここ30年間に「南海トラフ地震」の起きる確率が83％にも上がり、いったん起これば、浜岡原発は無事では済まないだろうという危惧でした。そこで議員活動を通じて、地震が起きる前の運転停止を訴えていたのです。

浜岡町は、財界に身を置いていた亡父・水野成夫《しげお》の郷里であり、１９６７年当時、原発を受け入れる自治体がなく困っていた中部電力から頼まれた父が、地元の説得に力を貸したことがありました。当時は、太平洋プレートの拡張によって、後に「世界一危険な原発」とランキングされようとは知るよしもなく、地元を説得してしまったのです。そこで震災が起きる前に、私が父の責めを塞《ふた》ぐ使命があると思ったわけです。

この知事選の最大の争点は、当時の現職知事が推し進めていた静岡空港建設の中止でした。それを訴える9人の市民が訪ねてきたことから始まった出馬だったのですが、それよりも静岡県民にとってより重要課題であるはずの浜岡原発の運転停止の訴えを条件に、立候補を決心したのです。原発は首相の権限では止められません。だが首長である知事には、安全協定にもとづき運転許可を与えないなど、より実質的な指導権限があるからです。

最初みどりは、出馬自体に反対していましたが、私の決心が変わらないと知ってからは、全身全霊を傾けて応援してくれました。

しかし、どこで演説しても、「空港反対」は響いても、「原発停止」は全く響かず、みどりから「あなたが原発問題を話しても聴衆はシラケるだけ。原発の話はしない方がいい」とアドバイスされたくらいでした。当時は原発の危険性など、みどりを含めてほとんどの人が理解していなかったのです。

なにせ県会議員の95％が現職知事与党だった選挙ですから、最初から市民の力だけでは、勝てるはずはなかったのですが、それでも57万票近い票を取ることができました。これに原発問題への気づきが加わっていればと残念でなりません。

そしてまさにその10年後に、私が予測していたとおりの「大地震による原発事故」が浜岡原発ではなく、福島第一原発で起こってしまったのです。

みどりは、「あなたの危惧は正しかったのに、私も全く理解できていなかった」と、自分の無関心さを悔いて、以降「脱原発」のために生き方をシフトすることになりました。その熱源は単に東京電力や行政に対しての怒りだけではなく、かつての自分自身も含めた国民の「無関心」に対する無念さでもありました。

木内みどりはひとたび気づけば、ひとりでも行動する人でした。

最初、脱原発デモにひとりで参加したのがきっかけで、次第に集会の司会を頼まれるようになりました。原発の危険性については、自らも随分と学習しましたが、それでも中途半端な知識で人の前で話すべきではないと、集会では場を盛り上げる司会役に徹していました。一方で、長年の運動方針を変えようとしない主催者には遠慮することなく改革を提言していましたし、逆に長年反原発運動を続けてきた人々から反発されて傷ついたこともありました。しかしそれでも決して挫折することなく、どんな時でも自分の持てるエネルギーを「発熱」し続けたのです。

木内みどりは、自分の信念の前では、「何かを失うこと」を決して恐れませんでした。女優という立場では、脱原発活動や安倍政権批判などはマイナスにしかならないと、誰もが思っていましたが、本人は「そんなことで来なくなるような仕事なら、やらない方がよい」と信念を貫きました。

畏友・坂本龍一はメッセージの中で、女優にもかかわらず、アクティブに社会や政治とコミットしている姿は、「海外ではジェーン・フォンダをはじめ、全く珍しいことではないが、日本ではとても貴重な存在だ」と評してくれました。

ところがどうしたことか、ここ数年、2015年のNHK BSプレミアム「洞窟おじさん」への出演をはじめとして、2018年のNHK大河ドラマ「西郷《せご》どん」、2019年のNHK BSプレミアム「八つ墓村」と、一番困難だろうと思われていたＮＨＫからの出演依頼が続き、民放でも「徹子の部屋」へ久しぶりの出演、映画では樹木希林プロデュースの『エリカ38』をはじめ、上質な5本のインディーズ映画からの出演依頼など、彼女の強い信念の前には、おのずから道が開けてきました。「白髪を染めるという小さな嘘が嫌」だとシルバーヘアーのまま、彼女独自の役づくりに取り組み始めた矢先の死だったのです。

木内みどりの生き方は、「自然に」「自由に」そして「否常識に」でした。

だから、どこにでもひとりで出かけ、常識に凝り固まった大人よりも、常識にとらわれない子どもたちとすぐに仲良くなり、駅の階段でベビーカーを持ち上げようとしているお母さんを見れば、駆け寄って手伝う、そんな人でした。女優である前に、ひとりの人間としての生き方を大切にしていたのです。

家で料理をすることが大好きでしたが、同時に世界中の未知の国を旅することも大好き。近年は、パレスチナ、東ティモール、パプアニューギニア、パキスタンなどの奥地を訪れて、69歳で69カ国を踏破していました。これらの国々は危険を伴うため、親しい非営利団体の農業支援ツアーに加えていただいて参加していたのですが、そもそも団体行動が苦手なので、目を盗んではフラリと自由行動をして、まわりの人に迷惑や心配をかけていたようです。

70歳になる今年(2020年)は、娘と70カ国目のトルコ行きを約束していたのに、何を間違えたのか、勝手にひとりで天国へ旅立ってしまったようです。まったくどこまでも自由行動が好きな人でしたから。

木内みどりが若い頃から憧憬していた音楽家に、ジョン・レノンがいました。彼の言葉に、「人の言うことは気にするな。「こうすれば、ああ言われるだろう……」、こんなくだらない心配のせいで、どれだけの人がやりたいこともできずに死んでいくのだろう」という名言があります。その点でもみどりの生き方は見事でした。

16歳で劇団四季に入団以来、テレビドラマでは久世光彦や向田邦子と、バラエティー番組ではテリー伊藤と、映画では小栗康平や岩井俊二をはじめ多くの鬼才と、舞台ではルネ・ポレシュをはじめ国内外の演出家と、というように、彼女が敬愛した人々との多くの出会いがあり、いつも新しい挑戦に「発熱」し続けてきました。私との再婚後も、主婦として、母親として自由な生活を楽しみながら、脱原発の活動家としても「発熱」し、近年は渋い老女優としての「発熱」準備を始めていた矢先の旅立ちだっただけに、惜しくもありますが、最後まで、ジョン・レノンが言うような悔いを残す人生でなかったことは確かです。

ジョン・レノンから始まり、次は作家のジャック・ロンドン、シンガーソングライターのトム・ウェイツ、ピアニストのグレン・グールド、宮沢賢治、四國五郎など、絶えず誰かに「発熱」し続けてきたみどりは、新たな好奇心の対象を見つけると、フラリと出かけてしまう人だっただけに、今回も本当に居なくなってしまった気がしないのです。未だ、我々の知らぬどこかで、何か新たなテーマに「発熱」し続けているような気がしてなりません。

頌子がツイッターに書いた「またね。」は、本書のタイトルにもなりましたが、とてもみどりに相応しい言葉だと思います。

「またね。」……その再会の場が天国なのか？　輪廻転生した後の地球上なのか？　はわかりませんが、みどりにもう一度会って伝えたい。「あなたと出会ったおかげで僕の人生がどれだけ充実して楽しいものになっただろうか。本当にありがとう」と。

（文中、敬称略）

（株式会社インスティテュート・オブ・マーケティング・アーキテクチュア代表取締役）

木内みどり
女優．1965 年劇団四季に入団．初主演ドラマ『日本の幸福』(68 年，日本テレビ)，『安ベエの海』(69 年，TBS)，『いちばん星』(77 年，NHK)，『看護婦日記』(83 年，TBS)など多数出演．映画は，三島由紀夫原作『潮騒』(71 年，森谷司郎)，『死の棘』(90 年，小栗康平)，『大病人』(93 年，伊丹十三)，『0.5 ミリ』(2014 年，安藤桃子)，『ラストレター』(20 年，岩井俊二)など話題作に出演．コミカルなキャラクターから重厚感あふれる役柄まで幅広く演じた．3・11 以降，脱原発集会の司会などを引き受け積極的に活動し続け，2018 年 7 月からはウェブ・ラジオ「木内みどりの小さなラジオ」をひとりで制作・公開．2019 年 11 月，急性心臓死のため死去．享年 69 歳．
著書に『私にも絵が描けた！ コーチは Twitter』(2018 年，小さなラジオ局出版部)など．

またね。── 木内みどりの「発熱中！」

2020 年 6 月 9 日　第 1 刷発行

著　者　木内《きうち》みどり

発行者　岡本　厚

発行所　株式会社 岩波書店
〒101-8002 東京都千代田区一ツ橋 2-5-5
電話案内 03-5210-4000
https://www.iwanami.co.jp/

印刷・精興社　製本・牧製本

© 有限会社シティカンパニー 2020
ISBN 978-4-00-024831-0　　Printed in Japan

てんつく怒髪
―3・11、それからの日々―
落合恵子
四六判一八四頁
本体一六〇〇円

ラジオは真実を報道できるか
―市民が支える「ラジオフォーラム」の挑戦―
ラジオフォーラム
小出裕章
四六判一七四頁
本体一八〇〇円

「新聞うずみ火」連続講演
熊取六人組　原発事故を斬る
今中哲二
海老澤徹
川野眞治
小出裕章
小林圭二
瀬尾健
四六判一七八頁
本体二一〇〇円

人は愛するに足り、真心は信ずるに足る
―アフガンとの約束―
中村哲
聞き手 澤地久枝
四六判二五二頁
本体二一〇〇円

フォト・ルポルタージュ
福島「復興」に奪われる村
豊田直巳
岩波ブックレット
本体八四〇円

岩波書店刊
定価は表示価格に消費税が加算されます
2020年6月現在